密教とマンダラ

頼富本宏

講談社学術文庫

まえがき――ＮＨＫライブラリー版に寄せて（二〇〇三年）

二十一世紀になって早や三年。平成という元号でいえば十五年で、長さの点では昭和の前の大正と同じだ。科学的根拠はなく、私自身の感性に起因するのだろうが、世界史の上でいえば最長を誇った元号の昭和（六十四年）が幕を下したとき、私は「次の時代（元号年代）は大変だろうな」という思いが湧き上がってくるのを禁じ得なかった。

もちろん、歴史学的にさらに検討を加えれば、中国の元号の最長であった康熙（六十一年、清朝）を抜いた昭和年代も三期に分けることができ、各段階で重大な国家的、かつ文化的変換があった。その中で、第三期、もしくは後期と呼べるのは、昭和三十年代後半からの世にいう高度経済成長の時代であるが、本書のテーマとなっている「密教」と「マンダラ」が広く一般の人びとにも知られ、かつ関心を持たれるようになったのは、まさにこの時代であったことは偶然ではなかろう。

その具体的状況や歴史背景は、昭和六十三年の七月から九月にかけて放映された「ＮＨＫ市民大学・密教とマンダラ」をベースとした本書に詳しい。

要約すれば、漢字で表現される「密教」は、どうしても「秘密」という概念と結びつきやすく、一般の人びとからのハードルが高かったようである。そして、日本では主に真言と天台の両密教に限って出家者（僧侶）を通して伝承され、その他の人びとはマンダラに登場する観音菩薩や不動明王などの救済や慈悲に対する信仰や、実際に自分の身体と心を一つにした遍路や巡礼などの実践を通して結びついているにすぎなかった。

それでは不十分と断定するわけではないが、やはり人びとがより積極的に密教的なものに触れるようになったのには、大別して二つの理由があったようだ。

第一には、現代でもそうであるが、日本人は昔から身の回りにあるものを必ずしも評価しない。密教に限らず、仏教的、広く宗教的な要素は、祭りや年中行事、習慣として日々の生活の中に溶け込んでしまった部分も少なくない。それをもう一度見直して文化の再構築を行なう余裕のある人は少ない。

しかし、機会があってインドやチベットなどを訪れたとき、そこで恐ろしい姿をした明王やカラフルなマンダラを見れば、一瞬にして印象に刻まれ、密教の魅力に引き込まれてしまう。すなわち、心のボルテージを次第にゼロに沈静化していくというよりも、何が世界の真実かを知った以上は、むしろ今ここにある自分を生かしていこうとする積極的な密教が、逆にインドやチベットに伝わっていたマンダラを通して日本でも再注目を浴びることとなったのである。

第二には、西洋のキリスト教やイスラーム教のように、あるいは日本の一部の熱烈な宗教のように、ある大前提を信じるか否かという二者択一的な選択を迫るものではなく、むしろ、人間はどこかに必ず聖性（仏性）を持っているという考えのもと、それを心と身体を総合した在り方によって体験的に実証しようとする積極的態度が好感を持たれたのだろう。

話を戻して、以上のような諸因によって、いわば上り坂の時代に一つのブームの状態で、広く関心を集めた密教とその代表的表現形態であるマンダラであるが、平成年代の初め頃にいわゆるバブル経済がはじけたこともあって、現代の世界は政治・経済・産業などいずれの面をとっても、非常に不確実で不透明な時代に陥ってしまった。

いわば一種の閉塞状態であり、文化自体も情報技術や生命科学などの一部の先端科学を除くと、前進的・積極的なスタンスを生み出しにくい状況にあるといえよう。

その中にあって、改訂新版ともいうべき本書を刊行するのは、密教もマンダラも、一つの上り坂の局面にのみ威力と効果を発揮すると限定されるものではなく、その深さとダイナミズムのゆえに、上り坂の思想や時代のみならず、下り坂の時代にも、人間の心と身体を支える思想、もしくは装置となりうると考えたからである。

マンダラに限定していえば、体系化され、システム性を具えたコスモス的構造であると同時に、コスモスとして凝固する直前段階の無限定なエネルギーが渦をまくカオスの空間世界として捉えることも可能である。八年前の阪神・淡路大震災のとき、いささか抽象的ではあったが、胎蔵界《たいぞうかい》・金剛界《こんごうかい》の両マンダラは被災者の復興のシンボルともなった。

本著（単行本版）刊行以降、O教団の社会的暴走もあって、双方向の力の動きを強調する密教が誤解され忌避された傾向もあったが、ソフト面にあたる人間が真実の理解と、動植物や自然を含んだ生きとし生けるものの共生の手だてを保持できるならば、いささか荒馬の密教も、魔術師的なマンダラも十分に制御できるのではないだろうか。

目次

密教とマンダラ

とくにことわりのない限り経典等の書き下し、現代語訳は筆者による。また、古文の引用は、適宜新かなづかいに改めた。

I　秘められた万華鏡的世界

多様なアプローチ

昭和五十九年の弘法大師千百五十年の御遠忌法要《ごおんきほうよう》を一つのピークとして、やや下火になったとはいえいわゆる密教的なものが人びとの関心を集めている。昭和六十二年に、天台宗の比叡山《ひえいざん》開創千二百年記念大法会が行なわれ、それを機会に世界の各宗教の代表者が一堂に会して平和を祈願する宗教サミットが開催されたことも画期的なことであった。

近年では、平成二十五年の慈覚大師円仁《じかくだいしえんにん》の千百五十年遠忌、平成二十六年の四国遍路開創千二百年法要、平成二十七年の高野山開創千二百年記念法要など大きなイベントが目白押しである。

後述するように、私の試論によれば、「密教」という概念にも、狭義・中義・広義の三種の概念範囲があり、真言・天台の両密教は狭義の密教にあたるが、ここでは、まず最も広い視野から見て、近年「密教」的なものに対してどのような関心が持たれ、アプローチがなされているかを並べ上げてみたい。

まず、いわゆる密教ブームの最初期のアプローチの中で、人びとの関心を集めたのは、思想的なアプローチである。それは、主に空海の紹介を通してなされ、『秘密曼荼羅十住心《ひみつまんだらじゅうじゅうしん》論《ろん》』（略称『十住心論』）『秘蔵宝鑰《ひぞうほうやく》』に説かれる複数の思想を独自の視点に基づいて摂取する体系的総合性、『即身成仏義《そくしんじょうぶつぎ》』『弁顕密二教論《べんけんみつにきょうろん》』などに顕著な実在的生命の肯定、そして『声字実相義《しょうじじつそうぎ》』などに見られる存在の象徴性そのものを言語としてとらえる考え方などが、十九世紀から二十世紀にかけて、世界の思潮の主導権を握ってきた理性で判断できるものがすべてであるとする楽観的思考、主客分離して自然をもすべて客体視する人間中心的な発想に対して、一つの問題提起の役割を果たすものとして紹介されたのである。この分野においては、梅原猛氏の果たした役割の大きかったことはよく知られている。

　第二は、やや視点の異なる実践的アプローチである。これには、大別して二つの流れがあるが、そのうちの一つは欧米から生じた運動である。それは、故国を離れた多くのチベット僧たちが、ヨーロッパやアメリカ、あるいはオーストラリアなどに教化センターを開き、欧米の人びとにチベット密教の瞑想を教授したことが一つの引き金となっている。精神集中によって自己実現をはかるという方法は、信仰とドグマ（教義）に慣らされていた欧米の人びとに新鮮な刺激を与えたようである。

　また、もう一つの流れは、四国遍路や西国霊場などの巡礼や、大峯山《おおみねさん》・出羽三山などの修《しゅ》験《げん》に見られる直接参加の行法が、密教にはそなわっていることである。後述するように、密教の実践は、非常に可視的であり、具体的である。さらにその中には、必ずしも専門の僧になる必要のない修験や巡礼という、半僧半俗の修行体系が設けられており、これが近年爆発的な人気を得ることとなっている。さらに入り口的な自分探しもここに含ませることができる。

第三は、芸術的アプローチといえる。密教は、従来の仏教のように、喜怒哀楽をはじめとする人間の感情や情念を極力排除しようとするのではなく、むしろそれらの持つエネルギーを有効に利用し、われわれの生命を生かすことに特色がある。そのために、絵画・彫刻などの造形表現、あるいは声明《しょうみょう》（仏教音楽）などの音楽も、むしろ積極的な意味を持つこととなるのであり、密教美術、広くは密教芸術が独特の分野を形成している。近年、画家や写真家やデザイナーなどの芸術家（アーティスト）たちが密教に強い関心を示しているのは、密教の持つ豊富な象徴性と感覚肯定が造形表現の大きな要因となっているからであろう。

この傾向は、世界中においても見受けられるところであり、「タントラ・アート」という言葉も、次第に抵抗なく受け入れられるようになっている。

第四のアプローチは、密教の持っている神秘的な側面を、先に触れた実践の有効なシステム、および次に述べる結果としてのほとけや経典の功徳《くどく》と結びつけ、深遠な密教の行法を実践すると、必ず何らかの超越的な力、つまり超能力を得るのではないかという関心である。その一つの現象として、スプーン曲げや透視などがテレビに登場したのも記憶に残っているだろう。

もちろん、それらの中には、眉につばをするものもないではないが、インドのヨーガの聖典などの中に必ず悉地《しつじ》（結果としての功徳）が説かれているのと同様、通常は気のつかない潜在能力を開発するシステムを持っている密教では、空海が若い頃に熱中した記憶力増進の秘法である求聞持法《ぐもんじほう》などからも知られるように、能力開発と決して無関係ではない。ただ、より高い立場の密教からいえば、能力開発は密教の一面ではあるが、それよりもさとりを得ること、つまり宗教的な自己実現のほうが肝心であると注意をうながしたい。

最後に、幅広い人びとの熱烈な信仰を集めているのが、さまざまのほとけたちとそれにかかわる御利益の寺々である。マンダラの個所で詳しく説明するように、密教では、実在の全体性を象徴する大日如来《だいにちにょらい》が、さまざまの働きを分担する種々のほとけたちの姿に変化して、マンダラに現れてくるのである。

たとえば、厄除《やくよ》けの薬師如来があれば、眼病治癒の観音菩薩もある。ガン封じの不動明王《ふどうみょうおう》もいれば、中風除けの地蔵菩薩もいる。こうした多様なほとけたちがすべて密教のほとけたちだとはいわないが、密教の実践行法である修法《しゅほう》と結びついた結果、御利益ともいわれる功徳が、実際多くの人びとのホンネの信仰によって支えられていることは、決して見逃してはならないだろう。

こうした信仰を、教義中心の宗教からは、俗信、邪信として忌み嫌う向きもあるが、密教は人間のホンネをできるだけ活かそうとする宗教であり、最も庶民性が強いのである。

密教のシンボル・大日如来。「両界曼荼羅図〔西院曼荼羅〕」金剛界マンダラ　部分〔一印会〕（東寺蔵）

密教の三層構造

以上のように、密教に対する関心やアプローチにも多様な側面がある。そして、その対象となる密教についても、真言・天台の密教に限定される場合もあれば、範囲を広くとって、インドやチベットの密教にあてはまるケースもある。また神秘現象をさすオカルトや超能力についていえば、他の宗教においても、その秘教的な部分ではかなりの共通点を見出すことができる。

そこで問題点を整理するために、私自身の現在の考えに基づいて、密教を三種のレヴェル（次元）に分けて考察することにしたい。

ごく最近まで、わが国で「密教」という場合は、ほぼ例外なく平安時代に伝教大師《でんぎょうだいし》最澄《さいちょう》と弘法大師《こうぼうだいし》空海《くうかい》によってそれぞれ築き上げられた天台・真言の伝統的密教をさしてきた。私は、この階梯の密教を、「狭義の密教」、もしくは「真言・天台レヴェルの密教」と仮に呼んでいる。

これらの日本密教、とくに空海の思想の特色については、のちに詳しく紹介したいが、密教が、従来の仏教である顕教《けんぎょう》（顕《あら》わな教え）に対して、成仏の思想的根拠とその方法論が異なっていること（即身成仏《そくしんじょうぶつ》）、その結果、より有効な功徳をもたらす（現世《げんぜ》利益《りやく》）という点でユニークな仏教であることは、あらかじめ考慮に入れておく必要があろう。

このレヴェルの密教も、実際の宗教活動としては、主として各派の祖師（その宗派を開いた高僧）たちや、各本山の歴史的事情に基づいてかなりの多様性のあることは事実である。

たとえば、真言密教の場合、弘法大師入定《にゅうじょう》の地・高野山では、奥の院における大師の入定（大師は死んだのではなく、あらゆる人びとを救済するために永遠の瞑想に入っている）に中心を置き、大師とともに生きることを強調する。真言宗系の修験道を一手に引き受ける醍醐寺《だいごじ》では、大峯山などでの山岳修行が重要な意味を持つ。むしろ「山伏」の寺といったほうが人びとには親しみやすいだろう。一方、皇室ゆかりの門跡《もんぜき》寺院としての古い伝統を持つ大覚寺《だいかくじ》では、『般若心経《はんにゃしんぎょう》』の写経と生け花（華道）を表に掲げて教えを説く。京都駅の近くの五重塔をシンボルとする東寺《とうじ》は、毎月二十一日の大師の命日（「弘法さん」）、つまり御影供《みえく》が有名であり、何万人もの人びとが参拝する。

また、四国の香川県にある善通寺《ぜんつうじ》は、空海誕生の地であって、「善通」とは、父の佐伯善通《よしみち》の名をとったものという。そのため、一年中遍路の人びとを中心に香煙の絶えることがない。ほかに、仁和寺《にんなじ》、泉涌寺《せんにゅうじ》、西大寺《さいだいじ》、中山寺《なかやまでら》、須磨寺《すまでら》、宝山寺《ほうざんじ》（生駒聖天《いこましょうてん》）、朝護孫子寺《ちょうごそんしじ》（信貴山《しぎさん》）、清澄寺《せいちょうじ》（清荒神《きよしこうじん》）、随心院《ずいしんいん》、勧修寺《かじゅうじ》、さらには覚鑁《かくばん》上人によって開かれた新義系の真言宗の智積院《ちしゃくいん》（智山《ちざん》）、長谷寺《はせでら》（豊山《ぶざん》）、根来寺《ねごろじ》などの各本山も、それぞれ弘法大師、あるいは各派の祖師たちの教えに基づいて特色ある教化活動を展開している。

天台密教についていえば、伝教大師最澄の教えを拠り所とし、『法華経《ほけきょう》』に基づく顕教系の止観《しかん》業と、『大日経《だいにちきょう》』などの密教系の遮那《しやな》業を二つとも修めること（双修）を出発点とするが、密教としての完成は、のちに出た円仁《えんにん》（慈覚《じかく》大師）・円珍《えんちん》（智証《ちしょう》大師）などの努力に負うところが少なくない。

寺としては、最澄の開いた滋賀・比叡山の延暦寺《えんりやくじ》をはじめ、円珍が中興した滋賀・大津の園城寺《おんじょうじ》（三井寺《みいでら》）、門跡寺院の京都・青蓮院《しょうれんいん》、妙法院《みょうほういん》、曼殊院《まんしゅいん》、関東の上野・寛永寺《かんえいじ》、日光の輪王寺《りんのうじ》、東北の平泉・中尊寺《ちゅうそんじ》など名刹・古刹が数多い。

これらの密教形態の中には、後述するように土着化し、民俗化した要素も多く存在しており、一律に論じることは容易ではないが、真言密教に限っていえば、大局的に見て弘法大師空海の教えと行法がその根底にあることは共通している。この狭義の密教は、空海および最澄らの思想と行動を基本として、それを種々な点において現実化、制度化したものといえよう。

密教という言葉を拡大解釈させる一つの要因となったのは、おそらく明治期以降に河口慧《かわぐちえ》海《かい》や青木文教《あおきぶんきょう》などの大冒険によって、ヒマラヤの秘境チベットのイメージと結びついて輸入されたいわゆる喇嘛《ラマ》教であろう。ところで、「ラマ教」（Lamaism）という言葉は、十九世紀のヨーロッパの学者が恣意的につけた名称であり、現在では「チベット仏教」と呼ぶことが多い。チベット系の仏教は、すでに元朝・清朝などの異民族系の中国王朝によって信奉されていたので、わが国でも江戸時代には、梵字の一種であるランツァ文字やチベット系の金銅仏などが流入していた。その後、わが国の鎖国が解かれ、世にいう文明開化の時代になると、圧倒的な西欧の文物の陰に隠れながらも、インド・チベット系仏教の実態は、ヨーロッパやアメリカの学者の研究を通してわが国に紹介されるようになった。

その中でも、かつてラマ教という名称のもとに、耳に慣れ親しんだチベット仏教は、強烈な色彩や男女相和《あい》した歓喜仏《かんぎぶつ》の姿によって、人びとに異様な感動を与えた。

チベット仏教の中でも中枢を占める「チベット密教」は、八、九世紀以後インドに興起した後期密教を土台としたものである。この種の密教は、宋代の中国まで伝わって漢訳されたが、礼節を尊ぶ国・中国で流布するには至らなかった。京都の岩倉大雲寺の成尋《じょうじん》僧正などによってその一部が日本にも伝えられたが、そのこと自体、知る人は少ない。

これに対し、後述するように、日本の真言・天台の両密教の根本経典である『大日経』『金剛頂経《こんごうちょうきょう》』は、七世紀頃にインドで成立した中期密教経典である。それゆえ日本とチベットの両密教は、おのおのインドの中期密教・後期密教を母胎とするという点では時代的な差違があるとはいえ、決して他人の関係ではないのである。したがって、これらの両密教を同一直線上において把握することも不可能ではないが、私は、日本の密教と無関係ではなく、しかも仏教史・密教史の視野の中でとらえうる密教を、「仏教レヴェルの密教」、もしくは「中義の密教」と仮称している。

このタイプの密教の最大の特徴は、弘法大師や伝教大師が直接に登場しない点にある。したがって、狭義の密教に関心の強い人びとからは、しばしば不思議な目で見られるが、空海や最澄自身は、あくまで仏教全体の中で密教を考えていたことを忘れてはならないだろう。

この第二段階の密教に該当し、しかも最近とくに若い世代の関心をひいているのは、俗に「タントラ」といわれているものである。タントラにも広狭さまざまの概念があり、専門の学者でも、それを一言で定義することは決して容易ではない。ただ、あえて私なりの定義を試みるなら、「聖（仏）と俗（我）の全身的一致を説く実践的密教」とでもいえるかもしれない。と同時に、そのような聖俗一致を明確に最終目的とする中・後期の密教聖典そのものを「タントラ」と呼ぶこともある。

厳密にいえば、インドの密教聖典であるタントラにも、仏教のほかに、インド固有の宗教であるヒンドゥー教、ジャイナ教の区別があるが、それらの中でもある種のタントラは、セックスを積極的に取り入れた性的行法や、身体の中にチャクラと呼ばれる中心叢やナーディーというエネルギーの流れを説くことが少なくない。

日本の精神的風土では、アメリカのかつてのヒッピーなどに見られた性的要素が直ちに市民権を得るとは思わないが、後者の生理的行法は、近年のヨーガの流行と相まって、知的ならびに行的なものに関心の強い人びとから熱いまなざしをもって迎えられている。

また、宗教的には少し異なるが、中国道教や中国医学の「気」や経絡との関連も関心のあるところである。

密教という用語を最も広い意味に解釈すると、仏教のみならず、キリスト教やイスラーム教の中にも同種のものを見出すことができる。もっとも、それらは、正統派からは異端の烙印を押されることが多い。このような密教を、私は仮に「宗教レヴェルの密教」と呼称しているが、それを体系的に論じることは困難な作業である。

しかし、あえて例を探せば、イスラーム教の中には、「スーフィー」と呼ばれる一派がある。彼らは、自心を滅却することを通して神との合一を主張したが、とくに旋舞《せんぶ》というテンポの速い舞踊によって忘我の境地に入ることで知られている。また、ユダヤ教の一派であるカバーラでは、大宇宙と小宇宙の一致を説くが、そこでは宇宙的人間と巨大な木を組み合わせた「生命の木」という巨大なダイアグラムを表し、それを宇宙の構造と等置させている。

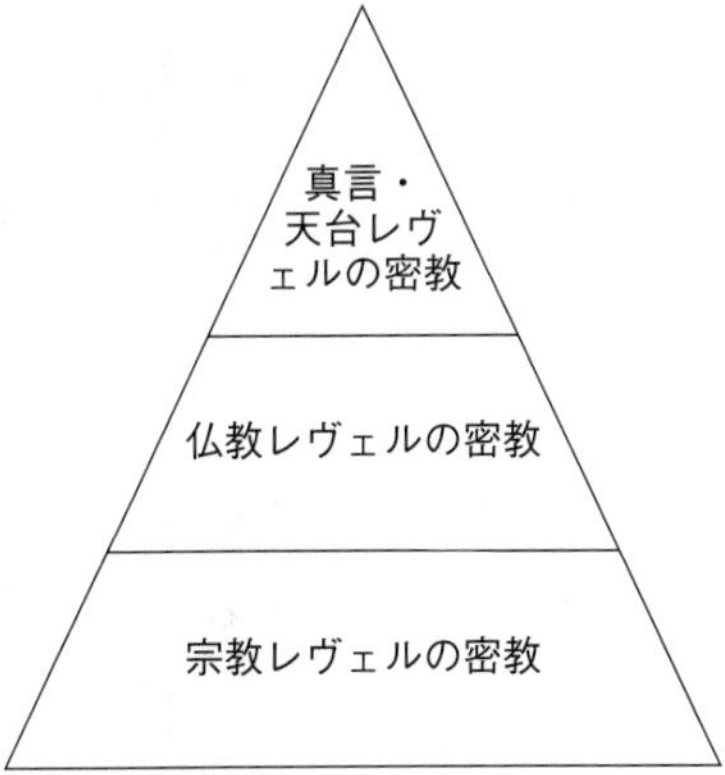

密教の重層構造

これらの「広義の密教」の特色を要約すると、聖俗一致を旨とする神秘主義と、対象に対して何らかの力を借りて働きかけることを説く呪術的要素の強い宗教形態をとっているといえよう。もちろん、すでに明らかにした「仏教レヴェルの密教」（中義の密教）も、真言・天台密教に限った狭義の密教も、この広義の密教を土台にしているだけに、同様の特色を示していることはいうまでもない。

以上に述べた三種三様の密教を一つの構造として体系化すると、ピラミッド型の三層構造となり、下位ほど原初的、かつ素朴で、上位にいくほど思想的に体系化され、洗練化されているといえる。

このように、密教といっても種々の位相や様相があり、決して一つだけの座標軸で律しきれるものではないが、本書では、主に狭義と中義の密教に視点を置き、その内容と特質を浮き彫りにし、とくに密教のコスモスの可視的表現であるマンダラについて、種々の視点から幅広く考察を加えていくことにしたい。

II　密教の流伝

流伝の道

現在の密教

数ある仏教の中で、密教ほど国際的なものはないといわれている。私も密教の足跡を訪ねてアジアの各地を旅した。インド、中国、西チベット、そして韓国など思い出はつきない。そして、それぞれの国で、さまざまな仏像や仏画と巡りあうとともに、現在もまた、いろいろな形で密教とかかわっている人びとと交際を続けている。

彼らの考え方や接し方も、その国の風土や気質を表して大変ヴァラエティに富んでいる。

まず、密教が成立したインドでは、せっかく、密教を生み出した故郷であるにもかかわらず、現在では、密教はおろか仏教もすでに滅んでしまったといっても過言ではなかろう。もっとも、東インドのベンガル地方や、西インドのマハーラーシュトラ州などにはかなりの仏教徒が暮らしているが、インドの社会の中では、弾圧や差別の対象として、むしろ厳しい現状を余儀なくされている。

われわれも、残念ながら生きた仏教や密教そのものに接する機会はほとんどなく、発掘された遺跡や遺品から、かつて栄えた密教の面影をしのぶよりほかはない。

それでも、日本のものとよく似た大日如来像や不動明王像を発見した時のうれしさは格別であり、「やはり密教の故郷はインドだな」と、しみじみと実感した次第である。

次に、中国は、日本の仏教、とくに密教の直接の先輩国であるが、多くの戦乱や政変の影響を最も過酷に受けて、現在まで密教が生き続けているとはいいづらい状態にある。

また、遺品の数も、木造のものが多かっただけに、石像中心のインドに比べて必ずしも豊富とはいえないようである。

ただ、文書の国であるだけに、経典や論書を含めて比較的多くの文献資料が伝えられていることは、たとえ現在使用されることが少ないとはいえ、私たち研究者にとっては好都合である。加えて、文化大革命の嵐を耐えてきた多数の金銅仏像が発見され、注目を集めている。

最後に、日本の密教のいわば弟分にあたるチベットの密教は、種々な意味で世間の注目を集めている。たとえば、チベットからインドに亡命したダライ・ラマ十四世が、一九八九年度のノーベル平和賞を受賞した。これに対し、中国政府が不快の感情をあらわにしたことは記憶に新しい。

さらに、ヒマラヤ周辺に広がるネパール、ブータン、ラダック、スピティなどの国や地方では、大きな政治的変革を受けなかったこともあって、古来のチベット文化が比較的忠実に伝えられており、神秘的な護摩《ごま》の儀礼の模様や、仮面をかぶった素朴な踊りなどがテレビを通じて人びとの関心を誘っている。

以上、インド、中国、チベットという密教にかかわった三つの重要な国や地域における密教の現状を、いささか政治的な側面も交じえて紹介したが、各地域での密教の歴史的な流れを、もう少し詳しく眺めてみよう。

密教以前

仏教が、インドの釈尊《しゃくそん》によって始められたことはあまねく知られている。したがって、常識的に考えると、日本で現在行なわれているさまざまな仏教も、原則として釈尊に直結するはずであり、またインドの要素を色濃く持っているはずであろうが、実際は必ずしもそうではない。極端な発言をするならば、インドに坐禅の道場があって、僧が警策《きょうさく》を持って指導したことはなかったろうし、「南無妙法蓮華経《なむみょうほうれんげきょう》」という題目が唱えられた可能性もまた少ない。

私も含めて日本の仏教徒は、インドへ行くと、必ずといってよいほど釈尊が誕生されたルンビニー、さとりを開かれたブッダガヤー、初めて教えを説かれたサールナート（鹿野《ろくや》苑《おん》）、そして涅槃《ねはん》に入られた（死去した）クシナガラなどのいわゆる仏跡を巡拝する。それは、時間を超えて釈尊と触れあうことであり、みずからの信仰を実感することでもある。

そのような釈尊と、密教で説く大日如来は、いったいどういう関係にあるのだろうか。ここで釈尊から密教に至る仏教の展開と、また密教が成立してからのちの変化を簡単にたどってみよう。

仏陀となった釈尊が歴史の世界に登場したのは、紀元前五世紀から四世紀の頃と推測されている。何しろ約二千五百年ほど前のことなので、正確な年代を確定することは困難であるが、キリストよりも約五百年ほど前の人と考えてよいと思う。

釈尊が現れた頃のインドは、大きな社会変化の中にあった。インドは、世界の古代四大文明の一つに数え上げられるインダス文明を生み出したが、それは謎の滅亡をとげてしまい、わずかにモヘンジョダロやハラッパーなどの都市遺跡を残しているにすぎない。

インドの文化の基礎を築き上げたのは、紀元前千五百年頃から侵入してきたと考えられているアーリア人たちである。彼らは武勇を尊ぶ遊牧民族であったが、インドに入ってからは次第に定住し、農耕を営むようになった。そのようなアーリア民族の信仰した宗教がバラモン教である。バラモンとは、先祖に対する祭祀供養をつかさどる専門僧侶をさす。この宗教では、人間の幸福とは、定めに従って祭祀供養を行なうことにかかっており、それを支える社会的基盤として、カースト制度と呼ばれる絶対的な身分制度を持っていた。

しかし、釈尊が現れる頃になると、社会の構造自体に大きな変化が生じてきた。それは、カースト制度の中で、最上位のバラモン階級の下に甘んじていたクシャトリア（王侯・武士）とヴァイシャ（商人）の両階層の人びとが、都市を中心とする資本の蓄積と生活の安定によって次第に知的関心を持つに至ったことである。その結果、人間の存在や使命などに対しても、より根本的な立場から自由な思考が行なわれるようになり、逆にバラモンたちは相対的に発言力を失っていかざるをえなかった。

このような社会的状況の中で、祭祀のみによって束縛されない多くの思想家たちが、運命論、因果論、懐疑論などさまざまの主張を説いたのであるが、釈尊もまさにその一人であった。

歴史の世界に現れた釈尊が実際何を説かれたのか、必ずしも完全にわかっているとは言い難い。しかし、初期の多くの経典から判断する限りでは、みずからを誤らせる怒りやむさぼりから離れ、しかも極端な苦行をも否定する中道を志向していたと考えられる。そして自身の熟考と行動を通して、人間の真実に迫ろうとする倫理的、かつ教育的な側面を多分に有していた。苦諦《くたい》（現実の生存は苦に満ちている）、集諦《じったい》（その原因はわれわれの執着にある）、滅諦《めったい》（執着を取り除かなければならない）、道諦《どうたい》（そのために八正道を行なう）という四聖諦《ししょうたい》は、その代表的な教えである。それだからこそ、多くの弟子集団ができ上がり、それぞれの疑問や悩みを直接釈尊に投げかけ、最高の真実（不死）を求めて努力したのである。

釈尊が八十歳で涅槃に入ってしまうと、仏教は最初の試練を迎えることになる。弟子や信者たちは、もはや直接釈尊から教えを受けることはできない。加えて、釈尊の教え自体が相手によって説き方を変えたため幅があったことも事実であり、しかも聞き手の解釈に微妙な差が生じていたであろうことも否定できない。

そのため、仏滅後の間もない頃から、弟子たちが集まって、釈尊の教え（経）といましめ（戒と律）を全体で整理し、確認しあう結集《けつじゅう》という集会が持たれたことが記録されている。けれども、すでに直接の教えが聞かれなくなった以上、それを拠り所とし、信奉する人びとの中に、解釈の相違が出てくることもやむをえないところである。紀元前三世紀の頃には、伝統的な形態を重んじる保守派と、むしろ動機論を重視し、新たな解釈と行動を求める改革派という、大きな二つのグループに分かれており、後世これを根本分裂《こんぽんぶんれつ》と呼んでいる。

紀元前後の頃になると、インドの仏教の中に大きな変化が生じてきた。これが大乗仏教である。大乗仏教は、多くの新しい要素が複合しあって成立したものであって、簡単に定義することは容易ではないが、代表的な特徴を列挙すると、次のようである。

第一に、成仏の可能性を持ちながら、さとりを求めて努力する菩薩《ぼさつ》という存在が万人に保証され、しかも個別的特性を持つ観音《かんのん》菩薩、文殊《もんじゅ》菩薩などが登場した。

第二に、みずからのさとりに加えて、むしろ他者の救済に重点を置く利他の慈悲の思想が強調されるようになってきた。

第三に、信仰する側においても、専門的僧侶のほかに、在家の立場にありながら深い理解に到達したり、釈尊のシンボルである仏塔を崇拝したりする在俗の信者（居士《こじ》、優婆塞《うばそく》などと呼ばれる）たちが力を増してきた。

第四に、仏・如来についても、歴史世界に実在した釈尊に由来する釈迦如来以外に新たな性格を持つ阿弥陀《あみだ》如来、毘盧遮那《びるしゃな》如来などが経典中に説かれるようになってきた。

そのほか、初期の仏教では無視されていた経典や瞑想などの持つ神秘的な威力（功徳）や儀礼の持つ意義などについても積極的に評価していることは、密教の勃興を予見させ興味深い。

以上のような大乗仏教は、菩薩を理想とし、布施・持戒・禅定《ぜんじょう》などを眼目とする六波羅蜜《ろくはらみつ》を修行しながら、従来の部派仏教と競合して発展していった。思想的にも、ナーガールジュナ（龍樹《りゅうじゅ》）の説く深遠な中観《ちゅうがん》・空《くう》の教え、さらにはアサンガ（無着《むじゃく》）、ヴァスバンドゥ（世親《せしん》）の説いた精緻な瑜伽行《ゆがぎょう》・唯識《ゆいしき》の教えなど後世にも大きな影響を与えている。

密教の萌芽

三、四世紀の頃になって新たに成立した後期大乗経典の一つの『金光明経《こんこうみょうきょう》』には、釈迦如来や四天王などの伝統的なほとけに加えて、吉祥天《きっしょうてん》、弁才天《べんざいてん》などのヒンドゥー教の神々が登場するようになる。ヒンドゥー教とは、従来のインド正統の宗教であるバラモン教が、仏教の影響も考慮に入れて、ヴィシュヌ神やシヴァ神などの有力神の信仰や、民間の村落で行なわれている習俗などの要素を吸収した新たな民族宗教として、再び文化の表面に表れてきたものである。

こうしたヒンドゥー教の勃興と相まって、仏教の中にも、思想・教義などの表層レヴェルよりも、むしろ民衆のホンネともいうべき日常生活の基層レヴェルに関心をいだく傾向が強まってきた。そのためには、インド古来の代表的な宗教儀礼である護摩（火炉にさまざまの供物を投入して燃して願望成就を祈願する儀式）や真言《しんごん》（神々を讃える聖句）を仏教の中に取り込まねばならなくなったのである。

そして、薬師如来や十一面《じゅういちめん》・千手《せんじゅ》などの新たに成立した観音菩薩に、病気の平癒や長寿などの日常のさまざまな願いをかなえてもらう、民衆レヴェルの仏教の一形態が現れてきた。こうした他への働きかけとその効果を重視する仏教を、「初期密教」、もしくは「雑密《ぞうみつ》」と呼んでいる。

本格的な密教の成立

以上のようにして、比較的素朴なタイプの密教が発生してきたが、七世紀の頃になると、伝統的な仏教の教理を巧みに組み込んで、より体系的な密教が整備されることになる。具体的にいうと、わが国でも真言宗、天台宗などの伝統密教で重視する『大日経《だいにちきょう》』『金剛頂経《こんごうちょうぎょう》』などの経典がそれにあたる。密教史では、これらの経典によって代表される密教を「中期密教」と総称している。

中期密教の特徴を列挙すると、初期密教では、釈迦如来、十一面観音、千手観音など主要なほとけが必ずしも統一されていなかったが、中期密教では、本尊として毘盧遮那（別名、大日《だいにち》）如来が登場した。後期密教が興隆するまで、このほとけが密教の中心となるのであり、日本では広く親しまれている。

第二は、それまで陀羅尼《だらに》や真言などいわゆる口密《くみつ》（言葉による行為形態）が中心となっていた初期密教に、身体（とくに指先）でほとけを表す「印相《いんぞう》」、および心をほとけの境地に集中する「三摩地《さんまじ》」という二つの要素が加わり、合計で三種の行為形態をともなうようになったことで、これを「三密《さんみつ》」と呼んでいる。なぜ「密」の字を使うかというと、この三種の行為がほとけとつながっていることを一般の人びとは知らないからである。このような三密行によって、従来の病気や災害などの諸難救済の現世利益のみならず、衆生《しゅじょう》とほとけが一体となるという成仏体験も可能となったのである。

また、本尊をはじめ、さまざまの働きを持つほとけたちが、一つのマンダラ世界を構成するようになるのも、この段階の密教の特徴である。

ところで、日本では、「両部の大経」として必ず一対とされる『大日経』と『金剛頂経』ではあるが、厳密にいうとやや性格が異なり、『金剛頂経』のほうが密教化の度合いが高い。それゆえ、後世のインドやチベットで用いられた密教聖典（タントラ）の四分類法では、『大日経』を第二段階の行儀《ぎょうぎ》タントラ（予備的修行をテーマとする）に、『金剛頂経』を第三段階の瑜伽《ゆが》タントラ（ほとけとの一体化をテーマとする）に配当している。

なお、『大日経』は、やや遅れて発達してきた『金剛頂経』の、より精緻な成仏思想と五段階の成仏瞑想法（五相成身観《ごそうじょうじんかん》）などに圧倒されて、インドでは早い時期に姿を消したという主張が、長らく定説となっていた。しかし、故佐和隆研《さわりゅうけん》博士を団長として、昭和五十五年から三年度にわたって行なわれた、種智院大学と嵯峨美術短期大学（現・京都嵯峨芸術大学）合同のインド密教遺跡遺品調査によって、東インドのオリッサ州のラトナギリやラリタギリの遺跡から、大日如来の真言そのものを刻んだ大日如来像などが数体発見され、インドにおける密教流行の跡が確認されたことは喜ばしい。

生理と性の後期密教

タントラ（密教聖典）四分類法の第四の無上瑜伽《むじょうゆが》（最高のヨーガ）タントラは、中国・日本まで聖典は伝わったが、事実上影響を与えることはなかった。

一方、故地インドと、その教えを忠実に受容したチベットでは、この「後期密教」が一世を風靡《ふうび》したのである。インド、およびヨーロッパやアメリカで「タントラ仏教」という場合は、通常、後期密教のみをさす。

この無上瑜伽密教は、さらに以下の二種の聖典群に細分されることが多い。

(1) 方便《ほうべん》・父《ふ》タントラ
(2) 般若《はんにゃ》・母《も》タントラ

このうち、〈方便・父タントラ〉では、宇宙存在を表す法身仏がわれわれの身体中に降下してくるのを、布置観《ふちかん》（身体各所にほとけを観念的に配置する行法）などの行法によって体得する。その代表は、『秘密集会《ひみつしゅうえ》タントラ』と『ヴァジュラバイラヴァ・タントラ』である。〈般若・母タントラ〉は、逆にわれわれの身体を性などの行法によって作動させて、その究極において実在に直入することを目指したものである。マンダラでは、女尊、もしくは男女二尊が抱擁しあった歓喜仏が、不可欠の役割を果たす。『ヘーヴァジュラ・タントラ』などが有名である。

これらの『秘密集会タントラ』と『ヘーヴァジュラ・タントラ』などの後期密教の聖典は、八、九世紀から十二世紀にかけてインド・チベットで大流行した。

インドの密教は、最後の段階では、もはや僧院を離れて、一種の秘教として民衆の間に広がっていこうとしていた。しかし、時すでに遅く、当時、異民族を征服し、拡大を続けていたイスラーム教系帝国がインドの地に侵入し、各地で仏教の寺院やヒンドゥー教の祠堂《しどう》を破壊した。異教の存立を許さないイスラームの大軍がインドの中央部を蹂躙《じゅうりん》していった。ナーランダーやヴィクラマシーラなどの威容を誇った仏教寺院も炎上し、ついに仏教は、密教も含めて少なくとも表面的には歴史の舞台から姿を消したのである。

中国の密教

インドに源を発した仏教は、灼熱の砂漠や波濤の南海（インド洋・南シナ海）を経て中国に伝えられた。そこには自分の命さえ惜しまなかった仏教僧の熱き伝道の心があったことを忘れてはならない。密教も例外ではなく、シルクロードの北回りルートと、海のシルクロードとも呼ばれる南海経由の南回りルートの二つの道を通って中国に伝えられた。

初期の密教経典が中国に紹介されたのは、比較的早く三世紀から四世紀にかけてであった。その内容は、占星法を説いたり、歯痛・眼病の治癒を祈願するもので、最も素朴な形の密教経典といえる。

その後、主に中国北部を統治した遊牧民族系の王朝によって、神秘的な効果を期待する呪術的要素の強い経典が信仰されていたが、六世紀の頃になると、新しい密教経典が数多くもたらされ、翻訳されるようになった。それらは、十一面観音、千手観音、如意輪《にょいりん》観音など、従来の観音像に比べて顔や手の数が増加し、その救済の力がパワーアップしたいわゆる変化《へんげ》観音《かんのん》の功徳を説くもので、隋代から唐代の前半にかけて広く流行した。

十一面観音の遺品は、現在でもある程度認められるが、この時代の密教が遣唐使船でわが国に伝えられ、奈良時代の仏教文化の一つの基盤になったことは周知の事実である。

しかし、中国密教のピークを形成したのは、唐代の開元年間（七一三～七四一）にインドから中国に入って多くの密教経典を翻訳し、しかも灌頂《かんじょう》（密教を修得したことを証明する儀式）などの儀礼を通して密教の普及に尽力したインド僧たちである。彼らのもたらした密教経典は、『大日経』や『金剛頂経』という中身の濃い組織的な密教経典であって、ほとけの世界の縮図にあたるマンダラが十分にそなわっていた。

密教のほとけである大日如来が初めて本尊となった画期的な経典である『大日経』を訳したのは、東インドのオリッサ出身である善無畏《ぜんむい》三蔵である。彼は若くして王位を兄弟に譲って出家し、インドで密教を修めたのち、シルクロードの苦難の旅を終えて中国に到着した。その時には、すでに七十歳を超えていたという。私もインドの各地を旅したが、善無畏のふるさとオリッサで土に埋もれた多くの密教の仏像を見出した時には、まさに感無量だった。

他方の『金剛頂経』は、壮大な金剛界マンダラと五段階の成仏瞑想法を説くことで有名である。これは善無畏より少し遅れて南海路を回って中国にやってきた、金剛智《こんごうち》三蔵によって最初の翻訳がなされた。

善無畏と金剛智はいずれも、絶世の美人楊貴妃《ようきひ》の相手として知られている、唐の玄宗《げんそう》皇帝の時代に中国にやってきた関係で、多少ライバル的な対立があったようでもあるが、純密《じゅんみつ》とも呼ばれる『大日経』と『金剛頂経』をそれぞれ中国で漢訳した功績は大きい。

『大日経』系の祖師・善無畏三蔵。「真言八祖像」（金剛頂寺蔵）

『金剛頂経』系の祖師・金剛智三蔵。「真言八祖像」（金剛頂寺蔵）

密教の絶頂期

善無畏と金剛智の二人によって中国に紹介されたインドの中期密教は、二人のそれぞれのすぐれた弟子によって中国に広められた。

まず、善無畏が『大日経』を訳出するに際して献身的に補佐したのが、一行禅師《いちぎょうぜんじ》である。一行は生粋の中国人僧で、天台や禅や戒律にも詳しかった。彼は、『大日経』の翻訳にあたって、各文句の解説を師の善無畏から受けていたので、のちに『大日経』の注釈書として『大日経疏《だいにちきょうしょ》』(もしくは『大日経義釈《だいにちきょうぎしゃく》』)を著した。わが国でも真言・天台の両宗では、これらの注釈書を用いて『大日経』を学ぶことが多い。

一方の金剛智には、不空《ふくう》三蔵という卓越した弟子が現れた。インド系の父と西域系の母を両親に持った不空は、国際的な大唐帝国のもと、たぐいまれな行動力をもって中国に密教を定着させたのである。

不空は、幼少の頃、すでに中国の長安に来ており、金剛智が入京ののちはその弟子となった。両者は、年齢的に三十四歳の差があり、金剛智も、最初は不空の実力に気がつかなかったという。しかし、夢でその大器を知り、以後そばから離さなかったと伝えている。

金剛智の滅後、不空は海路インドへ赴いた。そして、南インドや現在のスリランカを回って、多くの密教経典を持ち帰った。帰朝後の不空の活躍は、まさに八面六臂《はちめんろっぴ》の働きであった。

第一に、『金剛頂経』の最新テキストである『三巻本教王経《さんがんぼんきょうおうきょう》』をはじめとして、『般若理趣経《はんにゃりしゅきょう》』『蓮華部心念誦儀軌《れんげぶしんねんじゅぎき》』など現在わが国で用いられている密教経典の半数以上は不空の訳出になるものである。

第二に、玄宗皇帝やその跡を継いだ粛宗《しゅくそう》皇帝など政治の頂点にある人びとに積極的に働きかけ、密教の功徳によって国全体の安寧を祈願したことである。当時は、有名な安禄山《あんろくざん》の乱による政情不安の時期にあり、荘厳な儀式に裏付けられた密教の加持祈禱《かじきとう》は、人びとの心に深い印象を与えたことは明らかである。

第三に、山西省にある文殊菩薩の聖地である五台山《ごだいさん》に金閣寺を建立するとともに、この密教化した文殊菩薩の像を各地の大きな寺院に安置させるよう努力した。これは彼の遷化《せんげ》（死亡）によって必ずしも完全には実現しなかったが、こうした彼の活躍の多くは、わが国の弘法大師空海における密教の普及と教化のヒントになったものと思われる。

いずれにしても、聖と俗（ほとけと我）の垂直的な関係、すなわち自己のうちにほとけを見出すことに重点を置いたインドの密教に、国家や政治との水平的・俗的な関連を持ち込み、それを中国の社会に位置付けたのは、不空の超人的な努力に負うところが大きかった。

不空を失った中国密教は、ライバルの位置にあった民俗色の強い道教、さらには正統宗教である儒教に押され、不空の後継者である長安の青龍寺《しょうりゅうじ》の恵果《けいか》などが辛うじて余命を保つ状態にあった。そこへ東海の島国・日本から密教を求めて彗星のように現れたのが、空海であった。

その後の中国密教の歴史について付け加えておくならば、空海が数々の経典や法具、マンダラをたずさえて日本へ帰って約四十年後、世にいう会昌《かいしょう》の破仏（八四二～八四五）（唐の武宗が行った仏教弾圧）が中国の全土を覆い、中国の仏教は大きな打撃を受けた。なかでも仏像・仏画など最も多くのものを必要とする密教は、ほとんど立ち直る力を失ったといっても過言ではない。

そして、王朝が宋にかわって、多少復活のきざしは見せたが、師から弟子に伝える仏像や法具、なかんずく人的逸材を欠いていたため、次第に俗信と結合せざるをえず、ついには道教的なものの中に、わずかにその余命を保っていったのである。

なお、話題を集めた映画「ラストエンペラー」にも登場する、ラマ教といわれる仏教がある。これは、次項で触れるチベット仏教のことにほかならないが、中国でも漢民族の王朝ではない元朝（蒙古族）と清朝（満州族）では、国教にあたるものとして信仰され、現在でも北京の雍和宮《ようわきゅう》や承徳《しょうとく》（旧名、熱河《ねっか》）離宮などにその面影をとどめている。

密教の国・チベット

最後に、密教流伝のルートとしては系統が異なるが、いわば日本密教の弟分にあたるチベット密教について言及しておきたい。

弟分というのは、チベットの密教が、インドの後期密教を拠り所としている点で、『大日経』や『金剛頂経』などインドの中期密教を伝えた日本の密教に比べて、時代的に下がるという意味である。

チベットの密教を歴史的に俯瞰《ふかん》した場合、九世紀中葉に勃発した、世にいうランダルマ王の破仏（吐蕃《とばん》王朝のダルマ王が行なったという仏教弾圧）と、それに続く混乱状態を挟んで、前・後の二期に分けることができる。史料によっては、「前伝期」と「後伝期」と呼んで区別している。

このうち、前伝期において、密教の輸入、ならびに普及に貢献した人物として忘れることのできないのは、パドマサンバヴァ（漢名では蓮華生《れんげしょう》）であろう。後世に確立された宗派の概念でいえば、「古密教（古派）」とも呼ばれるニンマ派の祖とされている。

パドマサンバヴァは、現在でも「グルリンポチェ」の尊称で宗派を超えて親しまれている。兜に似た独特の帽子をかぶり、右手に金剛杵《こんごうしょ》、左手に髑髏杯《どくろ》（カパーラ）を持ち、脇に髑髏杖をかかえ持つその姿は、明らかにインドの密教行者であるシッダ（成就者）を意識したものである。

ティツクデツェン王と弟ダルマ王の相次ぐ死に象徴される国家的仏教の崩壊によって、チベットの仏教は、九世紀の後半から約百年の間、顕著な活動が少なくとも歴史の表面から見られなくなる。もちろん、その中にあって、呪術的な要素を特色とする密教の一部は、適切な指導を得ないまま民間の儀礼と習合して土着化していったと推測されるが、史料的にそれを証明することは難しい。

さて十世紀に入り、政治もやや落ち着いてきた頃、チベットの周辺地方から仏教復興を望む気運が高まってきた。そのような傾向を受けて、一人のチベット人の密教者が密教をもたらした。それは、リンチェンサンポである。彼は、北西インドのカシミールに七年間滞在していた時に、シュラッダーカラヴァルマンなどのインド密教の学匠から直接教えを受けた。帰国後は、グゲ（現在、中国領）やラダック（現在、インド領）を中心とする西チベットに多くの寺を建立したという。さらに、仏像・仏画の制作者を多数つれ帰って、仏教美術の面でも多大の貢献を果たした。美術史の分野では、リンチェンサンポに始まる赤色を多く用いた仏画の様式をグゲ様式と呼んでいる。

俗にタントラ仏教と称される後期密教は、九世紀から十世紀にかけてインドにおいて最盛期を迎えた。その一部の要素は、先述のリンチェンサンポによってチベットへもたらされたが、教理と実践を完備した一宗派を形成するには至らなかった。

ところが、十一世紀の中葉に活躍したインド僧、あるいはチベット僧によってインド密教の主要要素の大部分がチベットに紹介され、その中のいくつかのグループは、のちに個別の宗派を形成することになる。その中心人物として、アティーシャとマルパがいる。

ベンガルもしくはオリッサ出身のアティーシャが、ナーランダーやヴィクラマシーラなどの現在のビハール州の僧院で研鑽を究めたうえ、著名な学匠となって活躍していたのは、六人の高僧が同一寺院の六つの門を守ったという、いわゆる「ヴィクラマシーラの六賢門」の時代であった。当時のインド仏教は、小乗（上座部）・大乗と、大乗の中に含まれるが元来異質な要素を持つ密教、そして時としてはヒンドゥー教の尊格や儀礼をも借用する、まさに複合仏教の時代であった。

アティーシャの無上瑜伽密教思想は、チベット人弟子ドムトゥンの諫止（慎重論）もあって明らかでないが、さとりを求める心である「菩提心《ぼだいしん》」を生理的行法の手段として用いたことは、顕教（従来の大乗仏教）と密教の調停を図らねばならなかった仏教者に、ほぼ共通して看取される特徴であり、苦心の表れでもあった。アティーシャの教えは、後継者のドムトゥンによって、カーダム派として確立され、のちにツォンカパがゲルク（徳行）派を開いたあとは、それに吸収されていった。

ニンマ派と並んで旧・新チベット密教の双璧となるカギュ派は、現在でもラダック地方を中心に相当の勢力を有している。そのカギュ派の祖とされているのが、チベット人のマルパである。

伝承によれば、彼は少年の時、著名な翻訳官であったドクミから梵語《ぼんご》を学んだという。事実であれば、ドクミはすでに『ヘーヴァジュラ・タントラ』の通暁者として知られており、のちのマルパの進路を示唆している。以来たびたびインドに赴き、著名な密教者のマイトリーパやナーローパから主に密教の実践を伝授されたと伝える。帰国後、妻を迎えたり、後世、インドの成就者（後期密教行者）のドーンビーヘールカ（『ヘーヴァジュラ・タントラ』の熟達者）の化身とされるのは、その無上瑜伽密教、とくに性的行法を説く〈般若・母タントラ〉への志向性に起因している。

アティーシャとマルパの二人は、いずれもインドの後期密教、とくに性的、かつ生理的要素の濃い母タントラに通暁していたが、アティーシャが顕密の総合を意図していたのに対し、マルパは、「マハームドラー（大印）」や「六法」などの実践行法に代表される生理的行法体系を重視していたという。この点、同様に密教に注目しながら、その基本的態度には大きな差があった。そして、それぞれの後継者によって、カーダム派とカギュ派が形成されたのである。

以上のように、新密教の興隆期であった十一世紀には、インドの後期密教を大幅に輸入したチベットであったが、その後の密教史の流れを見ると、二、三の顕著な対応が認められる。

第一は、数量的にも、内容的にも、非常に広範囲に及んだ密教経論の分類が行なわれたことである。こうした分類整理は、すでに一部のタントラに見られたが、シャル寺の有名な学僧プトゥンが、所作・行儀・瑜伽・無上瑜伽の四分類法を提出して以後、それを座標軸として密教を議論するようになった。

第二は、密教の内部のみならず、仏教全体における密教の位置付けが行なわれたことである。仏教史上に占める密教の評価については、学界でも種々の見解があるが、いずれにしても異質な要素を含むことは否定できない。したがって、無上瑜伽タントラに至るほぼすべての密教が一応の完成をみた十世紀から十一世紀にかけては、伝統的な仏教（波羅蜜道《はらみつどう》）と新興の密教（真言道《しんごんどう》）という複合的要素をいかに関連付け、仏教全体の中で再整理するかが火急の課題であった。

この点に関して、チベットの宗教改革者とも称されるツォンカパは、ゲルク派を開くにあたって、顕教（波羅蜜道）から密教（真言道）への段階的プロセスを徹底し、能力的に耐えうる者にのみ密教の修習を許した。また、性的要素の見られる行法の大部分を観念化したのも重要な変化である。これらは、安逸な呪術行為を戒めた教訓であるが、現在も生き続けているチベットの仏教を見ると、問答・論議などの顕教的実践を伝えると同時に、民衆の願望を満たす利他行としての護摩儀礼や、マンダラを用いる灌頂作法などの実践を無視できない。

ともあれ、チベットは、日本と並んで今も密教の生きている地域であり、その持つ意味は決して無視できない。

花開く日本密教

日本の密教

昭和五十九年を中心に、和歌山県高野山の金剛峯寺《こんごうぶじ》をはじめ、京都の東寺《とうじ》、香川県の善通寺《ぜんつうじ》など全国の多くの寺院では、弘法大師千百五十年の御遠忌法要《ごおんきほうよう》（いわゆる法事）が盛大に催された。私も、寺の檀家の人びとを中心に参拝者を募集したが、すぐにバス一台の定員が満員になったことを覚えている。

それに続いて、昭和六十二年には、天台密教の霊山・比叡山《ひえいざん》の開創千二百年（創立記念）の大法会が行なわれ、この機会にキリスト教やヒンドゥー教など世界の主な宗教の代表者が一堂に会して、世にいう宗教サミットが催された。

また、続いて昭和六十三年には、御室《おむろ》の桜で有名な京都の仁和寺《にんなじ》では、宇多法皇開創千百年記念法会が持たれ、平成二年は、滋賀の古刹園城寺《おんじょうじ》（三井寺《みいでら》）の中興である智証大師千百年御遠忌法要とその美術展が開かれた。

そののちも、平成四年には、新義《しんぎ》の真言宗を興した興教大師《こうぎょう》の御遠忌が盛大に行なわれた。

このように、日本の密教は、弘法大師空海と伝教大師最澄をはじめとする多くの密教僧と、それぞれゆかりの寺院が拠点となって、現在も幅広く信仰されているのである。

それらをすべて説明するのは、いささか骨の折れることなので、ここでは重要なアウトラインだけでも要約したいと思う。

わが国に本格的な密教、つまり歴史的にいう中期密教が、一つの体系として組織的に導入されるには、やはり最澄・空海を待たねばならなかった。しかし、経典だけについて見ると、すでに奈良期の古写経の目録の中に、『大日経《だいにちきょう》』や『金剛頂経《こんごうちょうきょう》』の一部の名称を見出すことができる。このほか、十一面・千手・不空羂索《ふくうけんじゃく》など顔や手を多数持つ、いわゆる変化観《へんげかん》音《のん》系の密教経典は枚挙にいとまがない。わが国では、これらの未体系の初期密教を雑密《ぞうみつ》と呼んでいる。

また、仏像などの受容の面から眺めてみると、東大寺法華堂《ほっけどう》（三月堂）の本尊不空羂索観音像、唐招提寺《とうしょうだいじ》の千手観音像、ならびに大安寺《だいあんじ》の一群の変化観音像など、美術史の分野で古密教系と呼ばれる優品が相当数遺存している。

このほか、唐代中期に善無畏《ぜんむい》三蔵によって、『大日経』に先立って訳出された『虚空蔵求《こくうぞうぐ》聞持法《もんじほう》』に説く、記憶力増進の秘法である求聞持法は、大安寺の僧道慈《どうじ》（?〜七四四）によっていち早くわが国に伝えられ、ひそかなブームとなっていたことは、空海が入唐《にっとう》以前の若年期に、その法を四国の室戸崎などで修行していたことからも明らかである。

以上のように、初期密教の要素は十分に伝わって、しかも実際に信仰されており、また純《じゅん》

不空羂索観音立像（東大寺蔵）

密《みつ》という名称で絶対視されている中期密教の経典も断片的に輸入されていたのは事実であるが、それらを教義と実践の完備した一つの体系的な密教と把握する理解はいまだ確立されておらず、空海が入唐を思い立つ理由もそこにあったのである。

最澄と密教

灌頂《かんじょう》という華麗な儀式をともなった、体系的な密教が初めて伝えられたのは、最澄（七六七〜八二二）によってであり、空海より一年早い。

延暦二十三年（八〇四）、天台宗請益還学僧《しょうやくげんがくそう》という短期留《る》学僧《がくそう》として入唐した最澄は、明州（浙江省寧波《ねいは》）に漂着、所期の目的であった天台山に参拝し、法華《ほっけ》天台の経論の収集に努めた。ところが、帰路たまたま立ち寄った越州（現在の紹興《しょうこう》）の龍興寺《りゅうこうじ》で、『大日経』を翻訳したインド僧の善無畏の孫弟子にあたる順暁《じゅんぎょう》から『大日経』・胎蔵《たいぞう》界マンダラの教えを中心とした密教の体系の一部を授かった。

最澄の入唐目的が法華天台の研鑽にあったことは疑う余地はないが、順暁からの受法が思わぬ方向に展開することとなる。ちなみに何事にも真摯な最澄が中国で入手して持ち帰った密教経典や儀軌《ぎき》（法要のやり方を説いたもの）のうちには、『大日経』系密教のほかにもう一方の『金剛頂経』系の経軌《きょうき》、さらにはのちに第三の経典として問題となる『蘇《そ》悉地経《しつじきょう》』と関連を持つ仏頂尊《ぶっちょうそん》（仏陀の頭頂を仏格化したもの）系の経典が含まれている。もっとも、滞在期間の短かった彼が、実際の行法をどこまで修得していたかは定かではない。

翌年早くも帰国した最澄に対し、気宇《きう》壮大で新奇を好む性格の桓武《かんむ》天皇は、法華天台の講説よりもむしろ新来の密教に関心を示した。その結果、最澄は、帰依者の和気《わけ》氏一族の建立した高雄山寺《たかおさんじ》（のちの神護寺《じんごじ》）で、『大日経』に基づく胎蔵《たいぞう》法の灌頂を行なった。これが、『大日経』『金剛頂経』に代表される純密のわが国における最初の公的修法であった。

空海の登場

宝亀《ほうき》五年（七七四）、四国讃岐《さぬき》国の佐伯《さえき》氏に生まれた空海は、たぐいまれなる秀才であり、一族の嘱望を担って都へ出て、大学に通い、そこで漢学などの素養を身につけた。しかし、貴族の子弟本位の大学のあり方に対する無力感、そして何よりも空海そのものの持つ宗教的なものへの傾斜によって、いつしか都を離れ、大和・紀伊、そして生国四国の山々で大自然に没入して修行する山林修行者の群れに身を投じたのである。

この時に、みずからの思いを戯曲風に著したのが『聾瞽指帰《ろうこしいき》』（のちに『三教指帰《さんごうしいき》』と改題）で、空海二十四歳の作であるという。内容は、儒教を奉じる兎《と》角公《かくこう》の邸宅に儒教の師亀毛《きもう》先生が訪ねて、放蕩者の蛭牙《しつが》公子《こうし》に対して、忠孝の道を説いて諫める。次に、道教の虚亡隠士《きょぶいんし》が現れ、超俗な神仙《しんせん》の道を説き、一同納得する。最後に空海が自己をモデルとした仮名《かめい》乞児《こつじ》が登場し、仏教の三世《さんぜ》因果《いんが》の理法（善悪の因果によって六道《ろくどう》に輪廻転生《りんねてんしょう》すること）を明

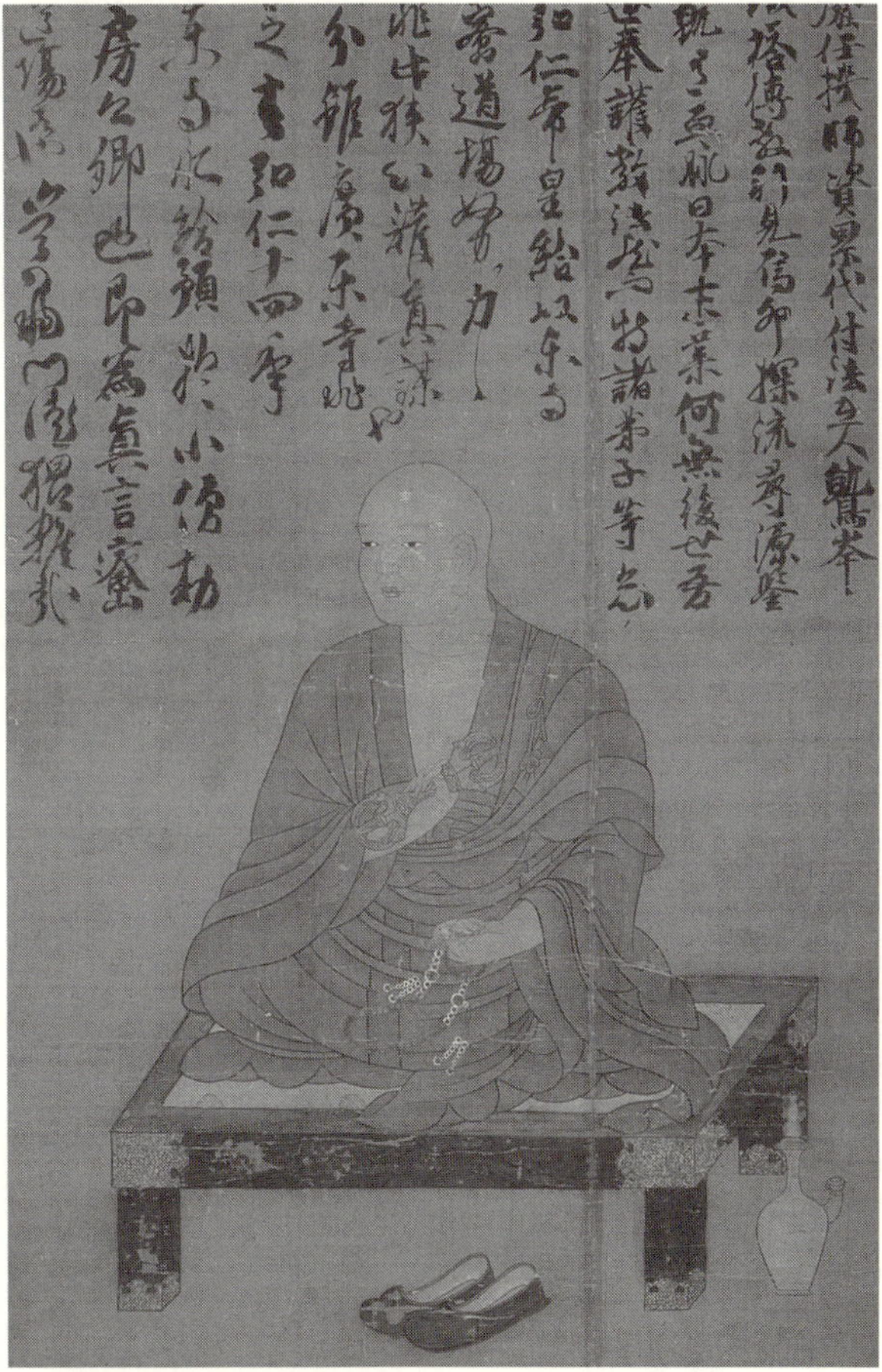

弘法大師像　談義本尊（東寺蔵）

らかにし、衆生《しゅじょう》を救済することこそ最高の教えであると説く。要するに『三教指帰』は、彼の出家宣言の書であるとともに、平安初期の儒《じゅ》・道《どう》・仏《ぶつ》三教の関係を示す貴重な書であることは疑いない。

このように仏教の教えに入った空海であったが、この段階では、一部に雑密的な要素も散見されるものの、全体的に見れば、顕教《けんぎょう》色の強い仏教が対象とされていた。しかし、いつの頃からか『大日経』などの組織的な密教の片鱗に触れ、それらの詳しい理解を求めて密教流行の地中国への求法《ぐほう》の旅を決意したのである。

延暦二十三年（八〇四）六月、藤原葛野麻呂《ふじわらのかどのまろ》を大使とする遣唐使節に留学僧として同行を許された空海は、希望に胸をふくらませて入唐《にっとう》した。なお、同年四月に正式に出家得度《とくど》した彼は、この時にはすでに空海という僧名を用いていたと思われる。

入唐航海での難破漂流という苦難の末、やっと憧れの都長安に落ち着いた空海は、日本留学僧の溜り場ともいうべき西明寺《さいみょうじ》に止宿し、密教求法の努力を始めたのである。この間の事情は、後述の『請来目録《しょうらいもくろく》』に詳しいが、まず密教に不可欠のインドの梵語《ぼんご》・梵字《ぼんじ》などを修得するために、当時長安の醴泉寺《れいせんじ》に滞在していたインド僧般若《はんにゃ》三蔵の門をたたき、語学的知識のほかに、梵夾《ぼんきょう》（梵語で書かれた経文）そのもの、さらには般若三蔵がみずから訳出した『大乗理趣六波羅蜜多経《だいじょうりしゅろくはらみたきょう》』『守護国界主陀羅尼経《しゅごこっかいしゅだらにきょう》』などの重要経典を授かったのである。これらの経典が、のちの空海の密教思想、とくに鎮護国家《ちんごこっか》と四恩《しおん》の教えに決定的影響を与えたことを看過してはならない。

師恵果との出会い

空海の生涯において決定的な意味を持つのは、師恵果《けいか》との巡りあいである。梵漢両語など密教受法《じゅほう》の基礎条件をマスターした空海は、翌延暦二十四年六月、初めて青龍寺《しょうりゅうじ》の恵果和尚を訪れた。

この時の模様を、『請来目録』は、次のように記述している。

> 和尚たちまちに見て笑みを含み、喜歓して告げて曰く、我れ先より汝が来ることを知りて、相待つこと久し。今日相見ること大いに好《よ》し。大いに好し。報命《ほうみょう》〔寿命〕竭《つ》きなんと欲すれども付法《ふほう》に人無し。必ず須《すべか》らく速やかに香花《こうげ》を弁じて灌頂《かんじょう》壇に入るべし
>
> （〔　〕内筆者注）

恵果は、中国密教の事実上の確立者で、わが国の真言密教の付法（教えを相承すること）の第六祖に列せられる不空《ふくう》三蔵の晩年の弟子である。玄宗《げんそう》・粛宗《しゅくそう》・代宗《だいそう》という三代の皇帝のもとに、密教の興隆と経典の翻訳に八面六臂の活躍をした不空には、実に多数の弟子があった。たとえば、正嫡《せいちゃく》（第一後継者）と見なされ、中国の史料では、第七祖とされる慧朗《えろう》、長

年にわたって不空に随行し、晩年には五台山金閣寺の造営を委託された含光《がんこう》などが著名である。

恵果も、すぐれた密教僧であったが、師不空とは四十歳ほどの年齢差があり、当初は先輩僧の陰に隠れた存在であった。けれども逆に若年のゆえに、慧朗や含光などの老僧が相次いで遷化《せんげ》する中、次第に中国密教の孤塁《こるい》を守る高僧として脚光を浴びることとなる。

密教史上における恵果の意義は、空海の『請来目録』や『秘密曼荼羅教付法伝《ひみつまんだらきようふほうでん》』に詳説されているが、それを要約すると、まず第一は、『金剛頂経』・金剛界《こんごうかい》マンダラと『大日経』・胎蔵界《たいぞうかい》マンダラという形で一対のセットとしたことである。

第二は、密教僧として当然ではあるが、顕密を対比し、とくに密教の速疾成仏《そくしつじょうぶつ》（密教では）速く成仏できること）とそれを保証する三密行《さんみつぎょう》に対する明確な見解を持っていたことであり、このことが、空海の真言密教成立の決定的要因となったのである。

恵果は、空海への授法が終わると、時を置かずして静かに涅槃《ねはん》の楽土《らくど》に赴いた（死去した）。落日の中国密教の法燈《ほうとう》を新興国日本へ伝えたという満足が感じとられる。

空海の帰国と『請来目録』

秘密の大法を伝授された空海は、本来二十年の留学期間を二年で切り上げ、折から新帝の慶賀に入京していた（難破した遣唐使節の第四船という新説もある）高階遠成《たかしなのとおなり》の一行に同行して帰国した。そして、上陸した大宰府《だざいふ》から、急遽帰国の理由と密教という多大の成果を持ち帰ったことを、公式目録として上表したのが、いわゆる『請来目録』である。『請来目録』を提出した大同《だいどう》元年（八〇六）十月の頃は、すでに桓武天皇が没して、次の平《へい》城《ぜい》天皇が位についていた。そして、その後の薬子《くすこ》の変に至る政情不安、さらには最澄の持ち帰った密教への遠慮などさまざまの事情によって、同目録に対する朝廷の対応は必ずしも敏速ではなかった。

しかし、その目録を閲覧したと推測される最澄の好意などもあって、ようやく入京を許された空海は、洛西の高雄山寺《たかおさんじ》（神護寺《じんごじ》）や乙訓寺《おとくにでら》を拠点として、いよいよその活動を始めることになるのである。

空海と最澄の交友と別離は、仏教の中において密教をどのように位置付けるかという点で大変重要な意味を持っているが、ここでは省略せざるをえない。

さて、空海は高雄山寺で和気氏や最澄に金剛界と胎蔵界という二種の灌頂を授け終わったのち、密教の第一人者としての地位を確立し、嵯峨天皇などの支持もあって、積極的に活動を始めることになる。

まず、空海は、弘仁七年（八一六）、若い頃渉猟《しょうりょう》（さまよい歩くこと）したことのある紀州高野《こうや》の地を下賜されんことを請うた。これは、密教に不可欠な聖なるほとけを体得するための修禅の場を求めたためである。この願いはすぐに認められ、翌八年には高弟の実恵《じちえ》・泰《たい》範《はん》らが開創に着手し、空海自身も、同九年に下賜後初めて高野山《こうやさん》に登った。しかし、肝心の伽藍《がらん》などの工事は、地の不利から難航し、空海入定《にゅうじょう》当時には、僧侶たちの居住に必要な住居と大炊屋《おおいや》(台所)ができたにすぎず、ある程度の建物が整うには、弟子真然《しんぜん》の長年にわたる努力を待たねばならなかった。真然を「高野山第二世」と呼んでいる。

一方、高野山の下賜に遅れること七年後の弘仁十四年(八二三)、空海は、幸いなことに洛南《らくなん》の東寺(のちに教王護国寺という)を賜った。羅城門《らじょうもん》の東に位置する東寺は、いまはなき西寺とともに官寺として出発したが、真言の寺として生まれかわった。王城の地に絶好の根拠地を得た空海は、持ち前の独創性とたぐいまれなる行動力をもって、真言密教の確立を図った。

空海は、みずからの構想に基づいた東寺講堂建立《こんりゅう》の勅許を、二年後の天長二年(八二五)に得るとともに、天長年間には、真言教学の根本となる『秘密曼荼羅十住心論《ひみつまんだらじゅうじゅうしんろん》』や『秘蔵宝鑰《ひぞうほうやく》』などの多くの著作の執筆に専念した。これらの著作に説かれる、空海ならびに真言密教の教えについては、別に詳しく紹介したいが、高次の密教的視野からすべてを包括し、体系化する総合性が顕著にうかがわれる。

空海の思想には、後述するように、構造的にとらえると、垂直と水平の二つの性格の異なった軸があったように考えられる。

まず、密教の大前提としては、われわれ衆生《しゅじょう》であっても、身体と言葉と心という三種の行為形態を通して聖なるほとけの境地に至りうると認めている。『即身成仏義《そくしんじょうぶつぎ》』という書物は、新しい論理にのっとって密教的成仏を説いたもので、このような聖俗一致の垂直構造は、インド以来の密教の伝統であり、高野山に修禅の場を求めたこともその一環である。

ところが、政治上位の国・中国では、仏教といえども為政者の好意的理解なしには布教することができない。そのため、不《ふ》空《くう》三蔵を中心に、宮中の仏殿（内道場）で国家安泰の祈願を行なうなどの、上からの密教宣布が積極的に試みられた。空海も晩年に、正月八日から一週間、国家社会の平和安全を祈願する後七日《ごしちにち》御《み》修法《しゅほう》を始めるとともに、四国の香川県の巨大なため池満濃池《まんのういけ》の修築に尽力したり、京都の東寺の近くにわが国初の庶民の学校・綜芸種智《しゅげいしゅち》院《いん》を創設するなど社会的な活動に貢献したが、これらはすべて、あらゆる生きとし生けるものがお互いを肯定しあって生きていくことを主張する密厳国土《みつごんこくど》の思想の具体的な現れであったのである。

以上のように、即身成仏と密厳国土という垂直と水平の二軸構造を基本とする真言密教を築き上げた空海は、承和二年（八三五）三月二十一日、春なお浅い高野山で静かに入定した。

千百五十年以上たったいまも、高野山奥の院の祖廟の前は、祈りたたずむ人びとの途切れることはない。

なお、両巨星の一方、天台宗祖最澄について、その後の展開を密教の面に限って触れておくと、欲望の肯定を説く『理趣経《りしゆきよう》』の注釈である『理趣釈経《りしゆしやくきよう》』の借覧問題や、最澄の愛弟子であり、後に空海に師事した泰範《たいはん》の帰属問題などの要因があったとはいえ、最澄と空海の間には、最初から埋めることのできない大きな思想的隔たりがあった。

それは、空海においては、『十住心論』に見られるように、一見、融和的・総合的に見えながら、究極的には密教一元論であったのに対し、最澄においては、一方では法華天台の体系が厳然として存在しており、それと並立する形で『大日経』などの密教があったのである。

したがって、のちに円仁《えんにん》・円珍《えんちん》・安然《あんねん》などの後継者によって密教化の傾向が強められていくものの、いま一つ徹底を欠くのは、いわば二本柱を内包した天台密教の宿命であったともいえよう。

ともあれ、平安朝の初めに最澄と空海が中国から密教をもたらし、それを積極的に広めたことは、四天王の守護と経典講説の功徳によって国家全体の安泰を祈るという『金光明 経《こんこうみようきよう》』を中心とする奈良仏教に対して、新たに身・口・意からなる三密行《さんみつぎよう》という精緻な体系と、壮大なマンダラをそなえた新興の密教が、より強力な仏教として登場し、それが当時の為政者などの要請に合致したものと思われる。

その後の日本密教

空海・最澄の両巨星によって築き上げられた日本の密教は、その後も活発な展開をとげた。

真言宗側では、空海没後は、実恵《じちえ》・真雅《しんが》・真済《しんぜい》・真如《しんにょ》などのいわゆる十大弟子によって高野山、東寺、神護寺などを拠点に維持されたが、九世紀の後半になると、名僧が輩出し、京都の東西で新たな密教寺院が多数建立された。

まず、修験道で重視される理源大師聖宝《りげんだいししょうぼう》（八三二〜九〇九）は、醍醐の笠取山《かさとりやま》上に如意輪《にょいりん》・准胝《じゅんでい》の二観音をまつる堂を建立したという。のちの醍醐寺《だいごじ》である。山科《やましな》の地には、随心院《ずいしんいん》、勧修寺《かじゅうじ》などが開かれ、東密（真言密教）の有力法流（拝み方）小野《おの》流の有縁の地として栄えた。

一方、洛西に発達した法流の広沢《ひろさわ》流は、益信《やくしん》（八二七〜九〇六）を祖とする。その弟子宇多《うだ》法皇は御室仁和寺《おむろにんなじ》を開いたという。この頃、大覚寺《だいかくじ》、遍照寺《へんじょうじ》などの寺々も建立され、京都の東西で東密が栄えた。

十二世紀には興教大師覚鑁《こうぎょうだいしかくばん》（一〇九五〜一一四三）が出て、根来寺《ねごろじ》を拠点に新義真言宗を興し、その流れとしては、京都・智積院《ちしゃくいん》、奈良・長谷寺《はせでら》がある。

台密と呼ばれる天台宗では、円仁《えんにん》・円珍《えんちん》・安然《あんねん》などの努力で一時期密教化が進んだ。このうち、慈覚大師《じかくだいし》円仁は比叡山を整備し、密教の占星法の一種で、七曜や十二宮などの星宿のほとけたちに祈願する熾盛光法《しじょうこうぼう》などの秘法を中国から伝えた。智証大師《ちしょうだいし》円珍は、やはり中国から新しい密教をもたらし、大津の園城寺《おんじょうじ》（三井寺《みいでら》）を拠点とした。のちに寺門派と呼んでいる。天台宗は、円仁の東北布教、ならびに江戸初期の天海《てんかい》（一五三六〜一六四三）などの活躍により、現在もその伝統を根強く保っている。

以上のように、日本の密教は、空海と最澄の開いた真言と天台の両密教を中心に大輪の花を開かせ、現在もその伝統を脈々と伝えているのである。

失われた密教

シルクロードの密教

昔から三国といわれてきたインド・中国・日本の密教、ならびに最近とみに注目を集めているチベットの密教について、その歴史的展開の模様を紹介してきたが、インド・中国・日本という三国の通過地点となった個所においても、密教は、かつてそれぞれ見事な花を咲かせたのである。ただ、いずれの地域においても、密教を保護した王朝の滅亡、あるいは他国や異教の軍隊の侵略の前にその短い盛りを終え、いまはわずかに遺跡・遺品や、民衆の間に土着化した風習、儀礼としてしか残っていないのは惜しまれるところである。

以前、テレビ番組によって中央アジアのいわゆるシルクロードの歴史と文化が美しい映像を通して紹介された時、多くの人びとは、その雄大な自然と、そこにくり広げられた興味深い歴史の営みに、日頃失いかけていた何かを取り戻したような気がしたという。

さて、シルクロードは、十九世紀の西欧の学者が名づけた「絹の道」であり、いわば通商のルートであることは改めていうまでもないことかもしれない。しかし、決して経済行為だけではなく、みずからの信じる教えを異国の人びとに知ってもらうために、経典や仏像を背負った僧たちが、命をかけて通った信仰の道でもあったのである。

ところで、密教に限っていえば、三世紀から五世紀にかけて非常に素朴な祈禱の経典や陀《だ》羅《ら》尼《に》（梵文原典を音読した呪句）が中国に伝えられたが、これらを翻訳した仏教僧の多くは、月氏《げっし》（コータン）や安息《あんそく》（パルチア）など中央アジアのオアシス国家の出身であった。オアシスを生活の拠点とし、しかも豊富な牧草を求めて移動する遊牧民にとっては、その日その日の吉凶を占うことは、まさに生きるための必須条件であり、密教のように、対象に働きかけて自分たちの望みを満たそうという発想は、まさに期待していたものであった。

シルクロードの全盛時代が、やはり唐代（七〜十世紀）であったことは異論がない。長安を都として大帝国を築き上げた唐朝は、少なくとも前半期は、他国の異質な文化・宗教に対しても寛大であった。その結果、「長安の春」という名文句に象徴されるように、長安には、青い目をした美女やガラス器などが満ちあふれており、さらにはキリスト教（景教）、イスラーム教（回教）、マニ教（摩尼教）など異教の寺院までもが建立された。

仏教も、浄土・禅・華厳をはじめ、さまざまの教えが広められたが、異国要素の最も濃い密教も、シルクロードと南海路の二つのルートを経て長安に伝えられた。

シルクロードでは、まず八世紀の初め、インドの密教僧である善無畏《ぜんむい》三蔵が七十歳の高齢をものともせず流砂を越えて中国に入った。彼の具体的な通過コースは明らかでないが、この時代は、チベット（吐蕃《とばん》）が敦煌などを占領する時期よりは五十年以上も前であり、中国では、唐の玄宗皇帝の時代であった。

現在のシルクロードの仏教遺跡は、ある時期に主にイスラーム教徒によって徹底的に破壊されており、遺品自体も決して豊富ではない。その中で、タクラマカン砂漠の南側のいわゆる西域南道のコータンと砂漠の北側の西域北道のトルファンから一、二の密教系の絵画と思われるものが発見されている。

その一つは、不思議な姿をした如来像である。この如来は、通常の如来と同様に、額に白毫《びゃくごう》（白い巻き毛）をつけ、頭の上部には神秘的な盛り上がりである肉髻《にっけい》をいただいている。そして両脚は、結跏趺坐《けっかふざ》という組み方をし、両手は少し見えにくいが、手のひらを組み合わせる禅定印《ぜんじょういん》を結んでいる。

この如来の名称を正確に比定することは容易ではないが、身体の各部分に仏塔《ぶっとう》、宝瓶《ほうびょう》、金剛杵《こんごうしょ》、馬などの文様が描かれている点は他に類例を見ない。このほとけを「大日如来」と推定する意見が多いが、私もそれに賛成したい。

なぜならば、大日如来（毘盧遮那《びるしゃな》如来）というほとけは、古代インドにおける理想的な帝王である、転輪聖王《てんりんじょうおう》を意識していることは明らかである。その転輪聖王は、世界を平和に統治するために象、馬、法輪《ほうりん》、法螺《ほら》、宝珠《ほうじゅ》などの貴重な七つの宝をそなえているが、この如来の身体にはその半数ほどが描かれているからである。

高昌国《こうしょう》と呼ばれたトルファンの郊外にあるベゼクリク石窟は、多様な壁画が残っていることでも有名である。この古寺は、八世紀から十三世紀にかけて、中央アジアで活躍し、かつ仏教を信仰したウイグル人の建てた寺である。その多くは、密教以前の釈迦如来や大乗の菩薩、供養者を描いているが、一部には、手が四本あって、そこに頭蓋骨や斧を持つ姿が認められる。こうした異様な持ち物は、おそらくインドのヒンドゥー教の荒ぶる神シヴァを意識したものであろうが、密教を通して、仏教の中にも次第に取り入れられてきたようである。

シルクロードの密教を語る際には、井上靖氏の名作『敦煌《とんこう》』ですっかり有名になった敦煌を無視できない。敦煌は、シルクロードの東門にあたり、中国の漢文化と西域文化の結節点であった。とくに、二十世紀の初め、隠された壁裏の室から発見された厖大な量の、世にいう敦煌文献は、まさに歴史の宝庫といっても過言ではない。また、多数の洞窟の壁画も南北朝から元代に及び、まさに、博物館の観がある。

いま密教に限っていえば、文献的に見る限り、漢訳ではあまり重要な部分を占めていないようである。内容としては、『仏頂尊勝陀羅尼経《ぶっちょうそんしょうだらにきょう》』や『無量寿宗要経《むりょうじゅしゅうようきょう》』など特定のほとけに対する功徳ある陀羅尼《だらに》を説いたものが多い。

これに対し、敦煌が、八世紀の後半から九世紀にかけてチベット系の吐蕃国の統治下にあったこともあって、チベット語で書かれた仏教経典や論書の数も少なくない。その中で密教系のものを検討してみると、中国では流行しなかった後期密教系の『秘密集会《ひみつしゅうえ》タントラ』などの関連文献が含まれている。

敦煌における密教の流行を物語る興味深い資料は、陀羅尼輪《だらにりん》と呼ばれる一種の携帯用の護符である。これらは、木版で多数作成され、みずからを守る護符と死人を供養する御札の意味を兼ねて身につけられたものであろう。図柄にはいくつかの種類があるが、中央部に本尊にあたる観音菩薩や大随求《だいずいぐ》菩薩などを描き、その周囲に本尊の陀羅尼を梵字で右回りに配している。そのため陀羅尼輪といわれるのである。

まだまだ新しい研究が続いている現在、軽率な判断は避けねばならないが、壁画の内容から見ても、敦煌には中国密教と、それよりも少し時代的に新しいチベット密教の両要素が混在していたことはあえて特筆しておく必要があるだろう。

朝鮮半島の密教

わが国の仏教が、最初の頃、朝鮮半島を通して伝えられたことはあまねく知られている。飛鳥時代の仏像には、中国の北斉時代の要素とともに、直接の母国となった百済の影響が色濃い。

ところが密教の場合、遣唐使船を中心として中国からの直接の伝播であったこと、そして何よりも当時、つまり七世紀から十世紀にかけて朝鮮半島を統一していた新羅と友好的な関係になかったことによって、半島が日本に与えた密教的影響は皆無に近い。むしろ、朝鮮半島の密教は、日本と同じく中国からの直接伝播と同地での土着・定着ととらえるべきであろう。

現在の韓国の仏教状況を見ると、禅を柱とする曹渓宗《そうけいしゅう》が伝統仏教をほぼ掌握しているため、一部の新興仏教を除いて、密教を表面に出すものは少ない。しかし、まったく廃絶したわけではなく、民衆の日常信仰の中には、陀羅尼などの呪句が保たれており、近年、韓国でもいわゆる密教ブームに似たものが根強く続いているという。

歴史的にふり返ってみると、朝鮮半島で密教が本格的に広がり始めたのは、七世紀の頃である。伝承によると、新羅の善徳女王の時代に、明朗《めいろう》なるものが入唐して密法を学び、帰国して神印宗《しんいんしゅう》という宗派を興したという。神印とは、梵語のムドラー、つまり神秘的な指の形で、日本では印相《いんぞう》と称している。

八世紀になると、恵通《えつう》や不可思議《ふかしぎ》などの名僧が中国へ赴き、唐の都長安で善無畏《ぜんむい》三蔵や金剛智《こんごうち》三蔵などの重要なインド僧から密教の奥義を授けられた。新羅の仏教僧は、長安においても多数派を形成しており、日本の入唐僧とも交遊があった。

そして、新羅では、とくに善無畏三蔵の系統を引く『大日経』が重視されたと伝えられているが、現存している新羅と高麗時代の大日如来像を見ると、『大日経《だいにちきょう》』・胎蔵界《たいぞうかい》マンダラ系の両手のひらを重ねた禅定印《ぜんじょういん》のものはほとんどなく、むしろ左手の人差し指を右手で覆う智《ち》拳印《けんいん》か、もしくは逆に右手の人差し指を左手のひらで覆う逆智拳印を結ぶ『金剛頂経《こんごうちょうきょう》』・金《こん》剛界《ごうかい》マンダラ系の大日如来像が多いことは不思議である。とくに、この左右の手を逆にする逆智拳印は、半島の大日如来像に見られる興味深い特色であり、わが国では数少ない例が、瀬戸内の愛媛県今治市の大三島《おおみしま》の大山祇《おおやまづみ》神社に伝わっていた。

新羅の仏教美術の中でも最もよく知られているのが、南部の古都慶州《けいしゅう》の仏国寺《ぶっこくじ》の裏山である吐《と》含山《がんざん》に切り開かれた石窟庵《せっくつあん》である。ここは、韓国有数の観光地であり、訪れた人も多いと思う。石窟は、まわりの壁面に釈迦の十大弟子、二菩薩など計十五尊を半肉彫りした円形につくり、中央に本尊釈迦如来坐像を安置する。いずれも花崗岩を用い、よく均整のとれた素晴らしい彫刻である。

このうち、純粋に密教系の彫像は、本尊のちょうど裏側に彫られている十一面観音像のみであるが、豊かな仏身《ぶっしん》に衣を整然とまとい、正面を向いて蓮台上に立っている。八世紀の中頃、統一新羅時代の仏教美術の頂点に立つものといわれ、中国唐代の代表的十一面観音とされる旧宝慶寺《ほうけいじ》像（東京国立博物館蔵）、さらにはわが国の奈良・聖林寺《しょうりんじ》や京都・観音寺などの十一面観音像と図像的、かつ様式的に通じるものがあるといえる。

統一新羅の時代に半島に普及した密教は、十世紀に王朝が交替した高麗の時代になっても発展を続けた。灌頂道場がたびたび設けられ、いかなる罪の重いものもそこに入れば、罪を滅してほとけとなることができるとされた。また、高麗を建国した太祖の頃には、本場インドの密教僧が高麗にやってきた。王はそれを大歓迎し、早速祈禱を依頼したという。

十二世紀から十三世紀にかけて、つまり高麗王朝の後半期になっても、灌頂と修法がくり返し行なわれた。修法に用いられた本尊についていえば、わが国の平安期にも流行した大威《だいい》徳《とく》明王、太元《たいげん》明王などの恐ろしい姿をした明王が好んで用いられた。時はあたかも、異民族の契丹《きったん》の侵攻が始まり、つらい蒙古への服属の時代へと続くのである。

また、文化財の面から見れば、新羅時代に続いて、金剛界の大日如来像が少なからず遺存している。独特の梵字を象嵌《ぞうがん》した香炉も認められる。仏画や金銅仏も豊富で、前者は一般に高麗仏画と呼ばれ、日本にも数多く伝えられている。その内容は、やはり極楽浄土のほとけ阿弥陀如来が圧倒的に多いが、観音・文殊・普賢・地蔵などの八大菩薩をともなう場合は、広い意味の密教絵画ということができる。次に、鋳造された金銅仏も、高麗の仏教美術の中心の一つとなっている。観音像や阿弥陀如来像と並んで毘盧遮那《びるしゃな》（大日）如来像も相当の数にのぼる。その理由は、思想的に近い関係にあった華厳宗と密教が巧みに融合した、いわゆる華厳密教の流行によるものと思われる。

高麗も末期になると、元朝の圧力もあって、いわゆるラマ教と呼ばれるチベット仏教の影響が著しく増大し、異様な姿をした金銅仏の数も増えてくる。これは、中国においても顕著な特色で、現在の中国仏教のかなりの部分は、いわゆるラマ教の要素を残しているが、朝鮮半島の場合、異民族の蒙古（元）に服従した時代はそう長くなかったので、一般民衆にまでは広まらなかった。

以上のような新羅と高麗の仏教史、とくに密教の展開を見ると、どうもわが国の仏教史・密教史に非常によく対応していると思えてならない。まず、三国時代（新羅・高句麗・百済）の終わり頃（七世紀）に神印宗など素朴な形をとる密教が生じた。このあと、統一新羅の時代になると、日本の最澄・空海のような入唐僧という形で、『大日経』や『金剛頂経』などの組織的な経典がもたらされ、毘盧遮那仏などの仏像もつくられるようになる。

さらに、高麗の時代になると、密教の影響はいっそう強くなり、多くの仏像・仏画が制作され、灌頂や修法も盛んに行なわれたようである。そして、それが国王や貴族などの上層階級を中心とし、しかも成仏という信仰・信心よりも、さまざまの日常的な祈願に重点が置かれたことは、平安期後半から鎌倉初期にかけての日本の密教とも大変よく似た状況であったと考えるのは決して私一人ではあるまい。

朝鮮半島の仏教は、十四世紀の末に李成桂《りせいけい》によって朝鮮王朝が成立すると、大きな変革を余儀なくされた。仏教にかわる新しい指導原理として儒教を採用した朝鮮王朝は、徹底した廃仏に乗り出し、寺院を焼き、僧尼を還俗《げんぞく》させた。

宗派も次第に穏健なものに統一され、密教の二大中心であった神印宗と陀羅尼宗は、禅宗などに強制的に吸収されてしまった。弾圧はそれにとどまらず、太宗の十七年（一四一七）には、密教に関する書物を焼き、密教の信仰さえもまったく禁止してしまった。

その理由は、対象に働きかけてそれを左右しようとする傾向にある密教の発想は、為政者にとって一つ間違えば、みずからの地位を危うくするものであったからである。朝鮮王朝の過酷な仏教弾圧の中にあって、密教は最大の被害者であったといえるかもしれない。

このように、朝鮮半島の密教は、一つの宗派として表向きには姿を消したが、その要素の多くは、いまも民衆の中に民俗化して生き続けている。たとえ俗信と混交したものであっても、幸福を求め、災いを避けたいのは人間の真情である。

周知のように、朝鮮半島は、その後の政治的な理由から南北に分断され、宗教事情も、第二次大戦後急速に力を伸ばしたキリスト教の存在もあって複雑な様相を呈しているが、かつて密教文化が花開き、しかも最近では、民衆の中の密教的要素がもう一度見直されつつあることも知っておく必要があるだろう。

東南アジアの密教

八世紀から十世紀にかけてアジアの仏教世界を覆った密教の旋風の中で、多くの密教経典や密教系仏像・仏画が生み出されたが、日本とチベットを除く地方では、その大部分はすでに何らかの理由で消滅してしまった。その中にあって、現在、ほとんど遺品が残っていないという先入観を持って眺められているにもかかわらず、専門家の目によると、興味深い資料が少なからず残されているのが東南アジアである。

東南アジアという言葉を聞くと、仏教について知識のある人は、「敬虔《けいけん》な小乗仏教の国」ということを思い浮かべると思う。「小乗仏教」、すなわち「小さな乗物」という言葉は、あとからできた大乗仏教の人びとが勝手に名づけた貶称《へんしょう》であるので、最近ではほとんど使わない。そのかわり「上座部仏教《じょうざぶぶっきょう》」という言葉が普及している。

確かに東南アジアのうち、スリランカ（セイロン）、ミャンマー（ビルマ）、タイ、ラオス、カンボジアは、現在でも僧院を中心に厳格な生活を送る上座部仏教の国である。また、インドネシアやシンガポールでは、イスラーム教、キリスト教、ヒンドゥー教などの他宗教が主導権を握っている。

しかし、上座部仏教の国々であっても、歴史的に見てずっと長い間そのようであったわけではなく、最終的には、十二世紀から十三世紀にかけて、スリランカに拠点を置く保守的な上座部教団の仏教が、他の国々の為政者によって政治的に採用された結果である。

むしろそれまでは、どの国においても大乗仏教や密教が流行した時代があったことを忘れてはならない。たとえば、最も保守的といわれるスリランカでも、八世紀から九世紀にかけて北部のアヌラーダプラのアバヤギリヴィハーラを中心に、『金剛頂経』系の密教が盛んであったといわれ、実際に、金剛智三蔵《こんごうちさんぞう》や不空三蔵《ふくうさんぞう》という中国に密教を伝えた有名な密教僧が、スリランカにまで至ったとする説もある。

さらに、ミャンマーと名前をかえた旧ビルマでも、有名なパガンの仏教寺院群の素晴らしい壁画の中には、わずかとはいえ金剛杵《こんごうしょ》を持ったり、多面多臂の姿をしたほとけたちが描かれている。ミャンマーは、当時密教の拠点であったベンガルと境界を接していたので、パーラ朝（八世紀～十二世紀）の密教が直接伝わっていたことは明らかである。

ところで、現在は他の宗教にとって代わられているとはいえ、密教史のうえから見て非常に大きな意味を持っているのが、ジャワ・スマトラの両島を中心としたインドネシアである。

その証拠の第一は、インドネシアには、『大日経』という重要な密教経典が伝わり、そこで土着していたことである。すなわち、『大日経』そのものの梵本（梵語で書かれた経典などのテキスト）の存在は報告されていないが、同経のかなりの部分が、梵語（偈頌《げじゅ》……経典中、詩句の形式で教理を述べたもの）と古代ジャワ語（注釈）を併用した『聖大乗真言理趣論《しょうだいじょうしんごんりしゅろん》』に引用されている。

また、故佐和隆研博士の報告によると、胎蔵界（『大日経』系）大日如来と推定される石像も一、二体認められるという。

一方の重要経典である『金剛頂経』に関しては、例の金剛智三蔵と不空三蔵というインド僧が通過したことは事実であるにもかかわらず、そのままの形の『金剛頂経』系の文献も仏像も残されていない。

しかし、その理由は、むしろ簡単である。経典自体の展開が止まった感のある『大日経』に対して、大流行したことによって、さらに新しい教義や実践をつけ加えた『金剛頂経』は、新奇な要素を加えてインドネシアにその痕跡をとどめているのである。

その一つは、ジャワ仏教の代表的な聖典である『聖大乗論《しょうだいじょうろん》』である。そこでは、仏教の一般的な教義やヒンドゥー教の神々に加えて、大日《だいにち》・阿閦《あしゅく》・宝生《ほうしょう》・阿弥陀《あみだ》・不空成就《ふくうじょうじゅ》という五体の如来が登場し、中心的な役割を果たしている。周知のように、これらの五仏は、金剛界マンダラの中心となる金剛界五仏であり、日本でも五智如来《ごちにょらい》と呼ばれ、真言・天台の寺院でまつられていることが多い。

ところが、注意しなければならないのは、以上の五仏に、それぞれ配偶母《はいぐうも》となる仏母《ぶつも》が配されていることである。実に、ほとけたちは結婚しているのである。こうした配偶尊の積極的意味は、のちにマンダラのところで詳しく紹介したいが、日本の『金剛頂経』では、まだ独身であった金剛界五仏が、いつの間にか妻帯している点に、インドネシアの密教のほうが変化した新しい要素を内包している事実を読みとることができる。

ボロブドゥールのマンダラ

インドネシアで最大の文化遺産は、ジャワ島中部のジョクジャカルタ市北方にあるボロブ

ボロブドゥール遺跡の立体マンダラ（インドネシア）

ドゥール仏教遺跡である。ボロブドゥールとは、「最勝仏」の意味であり、中国で訶《か》陵《りょう》と呼ばれていたシャイレーンドラ王朝の治世下の、八世紀後半から九世紀の中頃にかけて建立されたと考えられる。その後、長く火山灰とジャングルに埋もれていたが、十九世紀の初頭、イギリス総督によって発掘された。

同遺跡の中心は、安山岩を研磨した石材を用いた巨大な九層の塔で、下部の六段は、仏陀の一代記や善財《ぜんざい》童子の求法《ぐほう》物語などを華麗に浮き彫りにしている。そして上部の三層には、先述の金剛界五仏の端正な石像を、それぞれの方位に多数配列している。

このボロブドゥール全体をマンダラと解釈する説もあるが、いずれにしても金剛界五仏を方位別に正しく配する部分は、少なくともマンダラを意識しているといえる。また、少し専門的になるが、ボロブドゥールの五仏のうち、大日如来の印相が、左手の人差し指を右手のひらで覆う智拳印から、親指と人差し指の先を合わせた両手を胸の前で組み合わす説法印にかわったことは、密教の歴史の流れと一致する。

したがって、先に触れた『聖大乗論』と同様に、ジャワの密教は、中国や日本に伝わったものよりは少し新しいタイプの密教であったことは確実である。

ジャワ・スマトラは、インド洋から中国へ向かうにはどうしても無視することのできない中継地であった。海のシルクロードという言葉のあるように、香料、陶器、絹などまさに東西の名産が行き交ったのである。インドの東岸や南岸から、密教も船に乗って異国の地に伝わり、短い期間とはいえ東南アジア密教の拠点となったのである。

Ⅲ　広がる密教の宇宙

縦・横クロスの密教の教え

密教の教え

広くて、しかもも深い内容を持つ密教であるから、そこに説かれる教えも多岐多様である。そのため一般の人びとにとっては、密教は、かえってとらえどころのないものに見られてしまうらしい。その点、禅や浄土の教えに比べると、いささか玄人向きといえるかもしれない。

ところで、密教の範囲は、地域的に見ても、インド・中国・チベットなどにも広がっているが、やはり最も狭い範囲にあたる日本密教に限って、その教えのアウトラインを取り出すことが必要であろう。

その場合、天台宗を開いた伝教大師最澄も忘れてはならないが、「密教」の完成度という観点からは、一応、弘法大師空海のつくり上げた真言密教に比重を置きながら、密教の中心的な教えを再構成してみたい。

後世の真言教学の解釈では、真言密教の教学体系を教理《きょうり》と教判《きょうはん》に分けることが多い。すなわち、「教理」とは、空海の教えそれ自体がそなえ持っている特徴的な思想であるのに対し、「教判」は、あくまで他の教えとの比較によって密教の持つ特色を顕著に浮き彫りにしようとする。

いま、伝統説と私見を交じえながら、密教の教理と教判を簡略に表示すると、次のようになろう。

(a)　教理
　(ア)　縦の教理　　(即身《そくしん》)成仏《じょうぶつ》
　(イ)　横の教理　　密厳国土《みつごんこくど》、四恩《しおん》
(b)　教判
　(ア)　竪《しゅ》(縦)の教判　　十住心《じゅうじゅうしん》
　(イ)　横《おう》の教判　　顕密対比

独自の教理

まず、教理の面から取り上げると、やはり聖と俗という本来異次元の両極を接続しようとする成仏の思想が根底にあることは無視できない。無限定ともいうべき法身大日如来と瑜伽《ゆが》

（結合）することは、すでに『金剛頂経《こんごうちょうぎょう》』などに克明に説かれるところであり、日本以外のインドやチベットにおいても、密教の密教たる理由は、現象の世界に身を置くわれわれの中に、いかにして聖なる実在の境地をつくり出すかにあるといっても過言ではない。この裏付けがなければ、いかなる加持祈禱《かじきとう》も、また亡者に対する追善回向《ついぜんえこう》もその意味を持ちえないだろう。空海は、この縦、つまり垂直の結びつきを、「即身成仏《そくしんじょうぶつ》」と呼んだのである。「即身成仏」という言葉を聞くと、すぐに東北地方の出羽三山などに見られるミイラ仏としての「即身仏」を連想する人が多い。確かに言葉がよく似ており、わずかに「成」の一字があるかないかの違いである。しかしながら、内実は、はるかに隔たっている。即身仏の場合は、肉身をこの世にとどめたまま、つまりミイラ化して、「仏」になったというもので、非常に肉体的・物理的な意味あいが濃い。

それでは、「即身成仏」とは、いったい何を示しているのだろうか。それを一言で説明することは容易ではない。そこで、まず空海の著作を中心に、いくつかの文献によりながら、これまで必ずしも十分に取り上げられなかった「即身成仏」について、私なりのアプローチを試みてみよう。

おそらく、中国ででき上がった「即身成仏」という四字の漢字熟語に、最初に注目したのは空海であった。もちろん、その根底となる思想は、先行するインドの中期密教（たとえば『金剛頂経』）において確立されていたものである。また、不空《ふくう》三蔵訳のいくつかの経典にも、そのような表現が数ヵ所にわたって認められる。しかし、注意すべきは、そこでは、次のように、「速い」という点が強調されていることである。

もし、毘盧遮那仏《びるしゃなぶつ》（大日如来）のみずからのさとりの境地を享受する仏（自受用身《じじゅゆうしん》）が説く、内なるさとりをさとった仏の知恵の教え、および大普賢金剛薩埵《だいふげんこんごうさった》が他のためにさとりの楽しみを享受させる仏（他受用身《たじゅゆうしん》）の知恵によれば、この現世において、灌頂《かんじょう》の師（曼荼羅阿闍梨《まんだらあじゃり》）に出会い、曼荼羅に入ることができる。（中略）瞬時にまさに量り知れない仏の誓願やあらゆることを保持する力（陀羅尼）を得るであろう。（『五秘密《ごひみつ》儀軌《ぎき》』の現代語訳）

この経典では、「この現世において」「瞬時に」ほとけの境地をさとることができる、ということが強調されている。このような表現が重視された背景には、それまでの大乗仏教の考え方に対する批判がうかがわれる。すなわち、さとりを求めて修行している菩薩たちが、布施《ふせ》（ほどこし）、持戒《じかい》（いましめ）、忍辱《にんにく》（がまん）、精進《しょうじん》（努力）、禅定《ぜんじょう》（精神集中）、知恵《ちえ》（正しい叡智）という六種の厳しい修行を積み重ねながら、しかも三劫《さんごう》という無限に長い時間を経て、やっとほとけの境地に至ることができるという、伝統的な大乗仏教の考え方に対抗する意図があったと思われる。

それに対して、密教は、さほど長時間を必要とせずに、われわれはほとけの境地に到達することができると説いている。

空海も、中国から帰国した当初は、中国密教で流布していたこうした「速時成仏」の主張を取り入れて、帰朝報告書である『請来目録《しょうらいもくろく》』では、以下のように述べていた（現代語訳）。

> 従来の仏教を中心とした顕《あら》わな教え（顕教《けんぎょう》）が、三劫という無限の長い時間をかける成仏への修行を説くのに対し、密教は、金剛界四仏を取り囲む各四菩薩、すなわち十六大菩薩の徳性をこの身にそなえることを目的とします。速く、しかもすぐれた成仏を得ることができるか、あるいはそうでないかは、あたかも神通力による速さと、足の不自由な驢馬《ろば》の遅さと似ています。
>
> よりよきものを求めて努力する方よ、願わくは、この意図をさとってください。

つまり、空海の意図するところを汲《く》みとると、密教は、従来の大乗仏教と比較して、身体と言葉と心という三種の行為形態（三密《さんみつ》）を総合した全身的行法をそなえているので、三劫という無限の時間を要しなくても成仏できるというものであった。

ところが、帰朝後、積極的な布教活動を開始した空海は、南都六宗の一つ法相宗《ほっそうしゅう》の大学匠で関東に在住していた徳一《とくいつ》（七四九〜八二四）などとの文通・交際を通して、即身成仏という理論をより完全に構築するには、単に経典の言葉に拠るだけの「速い」という時間的説明だけでは不十分であると考えるようになった。そして、われわれ俗なる衆生《しゅじょう》が、本来、聖なるほとけと質的に異ならないのだ、ということを証明するための、新たな論理体系を構築する必要性を痛感したのである。

そこで新たに執筆されたのが、有名な『即身成仏義《そくしんじょうぶつぎ》』である。その中で最も中心となるのは、次の詩文のくだりである。

六大無礙《ろくだいむげ》にして常に瑜伽《ゆが》なり。体
四種曼荼《ししゅまんだ》各々《おのおの》離れず。相
三密加持《さんみつかじ》して速疾に顕わる。用
重　々帝網《じゅうじゅうたいもう》なるを即身と名づく。無礙
法然《ほうねん》に薩般若《さはんにゃ》を具足し、
心数心王《しんじゅしんのう》刹塵《せつじん》に過ぎたり。
各々《おのおの》五智《ごち》無際智《むさいち》を具す、
円鏡力《えんきょうりき》の故に実覚智《じつかくち》なり。成仏

◎現代語訳

〔a　即身の詩〕

㈠　現象・実在の両世界の存在要素である六つの粗大なるもの（六大）は、さえぎるものなく、永遠に融合しあっている。〈体〉

㈡　四種の曼荼羅は、それぞれ〔様相の異なる真実の相を表しており〕、そのまま離れることはない。〈相〉

㈢　ほとけとわれわれの身体・言葉・心の三種の行為形態が、不思議な働きによって感応しているので、すみやかにさとりの世界が現れてくる。〈用〉

㈣　あらゆる身体が、帝釈天《たいしゃくてん》の持つ網のように、幾重にも重なりあいながら映しあうことを、身に即して（即身）という。〈無礙〉

〔b　成仏の詩〕

㈤　あらゆるものは、あるがままに、すべてを知る智をそなえており、

㈥　すべての人びとには、心そのもの（心王）と心の作用（心数）がそなわって、無数に存在している。

㈦　心そのものと心の作用のそれぞれには、五種の如来の知恵と、際限のない知恵が十分にそなわっている。

㈧　それらの知恵をもって、明らかな鏡のようにすべてを照らし出すから、真実をさと

ったものとなるのである。〈成仏〉

このうち、前半の詩文〔a〕は、「即身」を説き、後半の詩文〔b〕は、「成仏」を説いている、と古来説明されている。

まず、第一詩の第一句では、現象と実在の両様の世界にまたがる存在要素である「地・水・火・風・空」と「認識」という六つの要素（六大）が、さえぎるものなく融合しあっている状態をうたっているが、このようなあり方こそが、「即身」という状態の本体であるというのである。

次に、「即身」という状態を、様相という面から眺めてみると、それは、尊像（大《だい》）・象徴物（三昧耶《さんまや》）・文字（法）・立体（羯磨《かつま》）という四種のマンダラ（四曼）として表現される。さらに、「即身」と呼ばれるものを、作用として把握すると、身体と言葉と心という三種の行為形態（三密）として理解できる。

空海の初期の即身成仏観では、三密の重要性を説くだけであったが、『即身成仏義』においては、このように「六大」と「四曼」という新しい座標軸が加わった。すなわち、実在（聖なるもの）も現象（俗なるもの）も、いずれ本体としては、六つの存在要素からなっている。同様に、様相としてとらえると、実在も現象も、四種のマンダラとして表現することができる。また、作用としては、実在も現象も、三種の行為形態によって把握される。以上のように、本体（体）・様相（相）・作用（用）という三種の違った次元から総合的にとらえることにより、「即身」という言葉で抽象的に表現されている聖なるものと俗なるものの直接的かかわりを論証しようとしたのである。

なお、本体・様相・作用という三つの視点から両者の相似性を論じる手法は、唐代の仏教学にすでに存在していたとはいえ、それを「即身成仏」の論証に用いたことは彼の卓見であった。

「本有の成仏」と「修生の成仏」

空海の著作を中心に、「即身成仏」という思想の発達段階を考察してきたが、それでは、現在のこの瞬間を生きるわれわれにとって、「即身成仏」とはいったい何であるかということが、次に問われねばならないだろう。

ところが、この点については、率直にいって、必ずしも定説がないのが現状である。その最大の理由は、「成仏」、すなわち「仏に成る」という概念が、われわれにとって具体的な実感をともないにくいものとなっていることがあげられる。〈浄土《じょうど》信仰〉や〈往生《おうじょう》信仰〉の場合は、成仏を来世、あるいは極楽浄土において実現されるものとして、時間的、かつ空間的に「遠く」に置いておく。だから、われわれ側の問題としては、「信心」が残るのみとなる。そして、この「信心」を深めていくことが大切とされるのである。

ところが、密教のように、「成仏」を「即身」、もしくは「現在」に求めることになると、果たして何が成仏なのか、また、それは通常のわれわれの日々の生活とどのように相違しているのかという疑問が出てくる。

たとえば、「即身成仏」の場合、いったんその境地に至ると、まったく元の俗なる状態に戻らないものか、あるいはインドに古来伝わるヨーガのように、もう少し簡単に出たり入ったりできるものなのか、さらには、以上の両説とは別に、第三、第四のあり方が可能なのか、など問題はつきない。

私も、ここで明快な解答を提出するには至らないが、釈尊《しゃくそん》がさとりを開いたのち、「仏《ぶっ》陀《だ》」へと質的に変化をとげながら、現実の世界にしばらくの間生存していたことなども考慮に入れて、次のように考えておきたい。

すなわち、密教には、程度の差こそあれ、聖なる存在であるほとけと、俗なる次元にあるわれわれが、何らかの状況下において合一しあうことができるとする神秘主義の要素がそなわっている。つまり、仏教学の専門用語で説明すれば、人間は本来さとりを開きうる存在であるという立場から出発する〈本覚《ほんがく》思想〉の特色が顕著である。本覚思想には、マイナス面を表す悪・罪・死などに対する関心が二義的になるという欠点があることは確かに事実である。

近年、この点を極端に取り上げて、知的批判を旨とする一種のニヒリズム的仏教のみが仏教であるとする主張もある。その是非と、仏教の範囲をどこまで認めるかという問題もあるが、少なくとも、歴史世界の中で、あらゆる生きとし生けるものにさとりの可能性を保証するという本覚思想が、救済論、修行論のうえで人びとの人気を集めたという事実は無視することができない。

　密教の即身成仏の場合も、基本としては、「われわれはほとけと異ならない」という大前提（本有《ほんう》の成仏）から出発している。より過激にいえば、ほとけも普通の人間も、もともと区別はなく、単に見方の相違、表現の相違ということもできる。だから、重要なことは、こうした大前提の確信、すなわち密教の信仰に立って、その可能性を可能性に終わらせず、現実のものとして実証すること（修生《しゅしょう》の成仏）なのである。具体的には、みずからの身体と言葉と心を通して、ある状況下において、実在的な聖なるものを感得することが肝要である。何か実体的なものに触れ、心の奥底から喜びの感情が湧き上がってくる。そうすれば、大日如来の世界の中に生かされているみずからの命を実感することができるのであり、最も広義な意味での即身成仏であると考えたい。

「密厳国土」とは何か

日本密教における教理のもう一つの中心は、「密厳国土《みつごんこくど》」の思想である。この教理は、「即身成仏」に対して、より社会的性格を持った内容であり、政治や社会などにかかわる現実性のある問題だけに、近代の真言教学でも、これまでむしろ意識的に触れるのを避けてきた嫌いがある。

そこで、この問題を整理するために、まず「密厳国土」という用語の検討から始めることにしたい。

「密厳」とは、「素晴らしく荘厳《しょうごん》された」という意味であるが、「荘厳」とは、単なる「飾りたてる」という表面的な意味に加えて、密教的にいうと、「そこに存在しているものが、有効な働きをなしている」ことをも意図している。

さらにまた、誰もが本来そなえ持っている徳性を発揮すれば、まさにこの世界がそのまま密厳国土にほかならないとし、しかもそれには、「荘厳」という条件、つまり密教者の主体的な行為、とくに身・口・意の三密行による実践が求められると、一部の密教経典において主張されたことは、のちに空海の思想に大きな影響を与えたと考えられる。

空海においては、「密厳国土」とは、大日如来の世界であるとともに、われわれがいま、現に存在している世界でもある。密教においては、聖と俗の次元的区別は無化される。そしてこの密厳国土の世界は、表現的にはマンダラとして現れてくるのである。この世界には、みずからとともに、あらゆる生命あるもの、生命なきものが共存している。そこには、余れるものは一つもない。まさに、すべてが大日如来のあまねき光の中に映し出されている世界ということができる。

「密厳国土」と四つのつながり

難しい言葉で表現される「密厳国土」の思想とは、詮ずるところ、現実のわれわれが住んでいる世界を少しでも良くしていくことであり、理念的にいうと、マンダラに異ならないことを明らかにしてきた。この「密厳国土」という思想は、「即身成仏」思想のような聖と俗という異次元を結ぶ垂直的構造ではなく、むしろ水平的構造、つまり同じ俗的な世界に存在しているものの横の関係、あるいは、つながりとして把握することができる。

そこで、空海の言葉から、同様の発想を持つものを求めてみると、「四恩《しおん》」という考えが思い浮かぶ。

この「四恩」について、空海は、「先師のために梵網経《ぼんもうきょう》を講釈する表白《ひょうひゃく》（願文）」という文章の中で、次のように述べている（ここでの先師とは、天長四年〈八二七〉、西寺で遷化《せんげ》した勤操《ごんぞう》僧正をさすという。ただし、この文は依頼されたものであり、空海の直接の師が勤操ということではない）。

> 経の中に、仏、恩処《おんしょ》（恩にあずかるところ）あることを説くに、それに四種あり。父母・国王・衆生・三宝なり

ここでいわれている「経」とは、空海が中国の長安に滞在中に、梵語（サンスクリット

語）などの指導を受けたインド僧の般若《はんにゃ》三蔵の訳出した『大乗《だいじょう》 本生《ほんじょう》心地観経《しんじかんぎょう》』（略称『心地観経』）を意味するという説が有力である。なぜなら、『心地観経』の第二章にあたる「報恩《ほうおん》品《ぼん》」で、やはり、⑴父母の恩、⑵衆生の恩、⑶国王の恩、⑷三宝の恩、という四種の恩が説かれているからである。

恩という言葉を聞くと、現在では、上位の者が下位の者に対して恵みを与えるというニュアンスが強いが、サンスクリット語でいう恩の原語である「クリタジュニャター」(kṛtajñatā) は、「なされたことを知る」という程度の意味である。

それゆえ、ここでは、空海ならびに『心地観経』の時代背景をひとまずおいて、現代的視野から、四恩を解釈してみよう。

まず、父母の恩は、原義としては、自分を産み、育ててくれた両親の恩をさすが、視野を広げると、〈家庭と自身との関係〉ととらえることができるだろう。

第二の衆生の恩は、普通一般の人びととのかかわりをいうが、現代風にいうと〈社会と自身との関係〉と定義できる。

第三の国王の恩は、現代の民主主義の立場からいうと違和感を禁じえないが、空海と彼が依拠した『心地観経』の時代では、いかなる宗教といえども、為政者（国王もしくは皇帝）の理解と協力なしには、布教すらおぼつかない古代社会という制約があったことを理解しておかねばならない。そこで、国王の恩を現代の言葉で読みかえると、〈政治と自身との関係〉と考えて大過ないだろう。

最後の三宝の恩とは、仏教を説いた仏陀（仏）とその教え（法）、そしてそれらを信仰し、修行する人びと（僧）を総称するが、この恩は、先の三種が世俗的関係を意味するのに対し、伝統的用語でいえば、出世間的、つまり〈宗教と自身との関係〉と理解することができる。四恩とは、いずれも他のあるものとの関係・つながりとして成り立っていることの自覚と感謝であるといえよう。

このように、「密厳国土」というやや観念的な世界を説明する場合、それを空海が重視した四恩という概念に置きかえると、家庭・社会・政治・宗教という四つの存在と、われわれ自身との関係、あるいは、つながりとして理解することができる。これらは、即身成仏に代表される聖なる世界との異次元的関係とは相違して、むしろ同じレヴェルにある関係と考えることができ、そのような水平の関係においても良い関連（順縁）を保とうとするのが、密教の知恵なのである。

要するに、「密厳国土」とは、密教の持つ威力・効力を現実の次元の中でフルに活用することであり、それは他に対してもその存在そのものを肯定するという無限の思いやりに裏付けられているのである。

他との比較

他の教えとの比較を基本とする教判は、先述の教理と無関係ではない。たとえば、即身成仏の理論は、密教とそれ以外の仏教（顕教《けんぎょう》）を価値判断する時の重要なポイントである。このように、教理と教判は、いわば表裏一体の関係にあるといえるが、空海においては、教判的な面が色濃く表れているようである。

ところで、教判には、横と縦という二種の比べ方があるといわれている。教判の中でも、空海が初めて密教に出会ってからその遷化に至るまで、常に念頭にあったのは、通常、横《おう》の教判と称されている顕密対比の思想である。この点については、とくに問題をしぼった『弁顕密二教論《べんけんみつにきょうろん》』が基礎資料となるが、そこに説かれる、

(1) 能説《のうせつ》の仏身（本尊となるほとけの質的相違）
(2) 所説《しょせつ》の教法（説かれる教えに関する言語表現観の相違）
(3) 成仏の遅速（成仏体験の時間的相違）
(4) 教益《きょうやく》の勝劣（その結果得られる功徳の相違）

という四つの相違点のうち、最も早い段階から論じられているのは、第三の「成仏の遅速」である。そして、それが教理としての即身成仏に発展していったことは、先に述べたとおりである。

顕密対比の一座標軸としての仏身観の相違は、『入楞伽経《にゅうりょうがきょう》』や『大智度論《だいちどろん》』などの大乗仏

教の経論においても萌芽が見られるが、『分別聖位経《ふんべつしょういぎょう》』や『金剛頂瑜祇経《こんごうちょうゆぎきょう》』などの『金剛頂経』系の経軌《きょうき》を通して新たな展開をとげた。空海は、二種の受用身《じゅゆうしん》（さとりを味わうことのできる存在）のうちの、とくに自受用身の役割に注目して、法身《ほっしん》とのオーヴァーラップを試みたのである。いわゆる法身説法の論理もこの流れに沿ったものといえよう。

顕密対比の第二点である所説の教法については、能説の仏身の相違と不可分の関係にある。とりわけ、さとりの世界を文字や言葉で表現できるとする果分可説《かぶんかせつ》（さとりの結果という絶対的世界であっても表現できる）の主張は、密教の言語論とも深くかかわっており、空海の著作のうち『声字実相義《しょうじじっそうぎ》』と『吽字義《うんじぎ》』は、言語論における顕密対比の書と見ることができる。

なかんずく、言葉を単なる伝達機能を持つのみの存在ではなく、実在世界の象徴（法身の三昧耶形《さんまやぎょう》）と見る態度は、第四の顕密対比点である教えの利益の優劣に関して、陀羅尼《だらに》の誦《じゅ》持《じ》を高く評価する立場と無関係ではないだろう。

次に、竪《しゅ》（縦）の教判と呼ばれる十住心《じゅうじゅうしん》の体系に関しては、本書の終わりにもう一度詳しく紹介したいが、十住心の解釈に、前の九住心を顕教、最後の秘密荘厳心のみを密教と見る九顕一密《くけんいちみつ》の立場と、前の九住心ですら、より高い視野から眺めると密教的に把握することが可能であるとする九顕十密の立場があることはあまねく知られている。

このうち、九顕一密の立場は、見方によれば、顕密対比の延長上にあるといえる。ただし、顕密対比では、主眼点は密教側にあるので、顕教側の多様性には考慮が払われることが少ない。

いずれにしても、教判は、他との比較が大前提にあるだけに、必ずしも密教独自の体系を打ち立てにくい弱みがある。そこで、もう一度、密教の教理という観点から大局的に整理してみよう。

密教思想の基本構造

以上のように、主に空海の諸著作を中心にして、「即身成仏」と「密厳国土」の思想について検討してきた。ここまで見てきたように、この両種の思想は、密教の教理の柱をなすもののとしてそれぞれ重要視されているものの、経典の中で関連付けて説かれている個所はない。そこで、筆者なりの理解に基づいて、以下、空海および真言密教の中心教理を整理してみたい。

まず、日本密教の基本は、われわれは本来さとりの可能性を持っているという〈本覚思想〉を特徴とする〈現世成仏思想〉にあるといえる。すなわち、ほとけに代表される聖なるものと、われわれのような俗なるものが、何らかの状況下において合一しうるとする神秘主義の一種である。これは、筆者の言葉でいえば、聖と俗という元来次元の異なるものの関係であり、ベクトル的にいうと、垂直方向を持った構造である。そして、その垂直の関係が、可能性としては必ず結びついて成り立っているると確信するのが、密教の信仰である。

しかしながら、ここで大切なことは、それはあくまで可能性であって（本有《ほんう》）、実際にこれを自己のものとして実現するためには、修行して体得する必要（修生《しゅしょう》）があることを忘れてはならない。原石としての鉱石は確かに貴重な資源であるが、そのままでは使いものにならない。製錬という過程を経てこそ、真実の貴金属として現れる。それと同じように、「本有の成仏」が「修生の成仏」になる時に、初めて即身成仏といえるのである。

これに対し、「密厳国土」のほうは、その原意としては、大日如来のおられる仏国土をさす。そこは見事に荘厳された世界である。ところが、われわれは、大日如来と本質的に異ならないのだから、即身成仏の境地を実感したものにとっては、みずからの周囲に存在しているすべての世界が密厳国土であることになる。そして、この世界は、父母・衆生などの四種の恩を感じ、それぞれとの関係を生かす世界と解釈することができる。空海による庶民のための学校である綜芸種智院《しゅげいしゅちいん》の創設や、四国・香川県にある巨大なため池、満濃池《まんのういけ》の修築も、その具体的な表れである。すなわち、同次元的要素を持った水平の構造である。

このように、空海に代表される日本密教の中心思想は、ほとけとのつながりを見出す即身成仏の垂直的構造と、それを基盤として、現実の世界をより理想的なものとしていく密厳国土の水平的構造を止揚《しよう》した構造を持つものである。すなわち、みずからがほとけとの垂直の糸でつながれているならば、他のすべての生きとし生けるものも同じ垂直の糸を持っているはずである。これが、密教の平等観である。

そして、細い糸を無数により合わせてこそ、瀬戸大橋を支えるほどの強力なロープがつくり上げられるように、自分のみならず、多くの他の人びとが同じ喜びを味わうことができる世界こそが密厳国土といえるのである。

即身成仏へのカリキュラム

密教の実践の多様性

密教というものに大きな関心を示す人びとの中には、アメリカ人やイギリス人などの西洋圏の人が少なくない。私も仕事のうえで多くの外国の人たちと接触する機会があり、私が密教の研究をし、しかも真言宗の僧侶であることを知ると、その中の数人は、密教のエッセンスを教えてほしいと頼んできた。彼らの職業の内訳は、学者、ジャーナリスト、医師、学生など多岐にわたり、また女性も二、三人いた。そこで、最初はたどたどしい英語で密教の歴史と教理を説明し、アメリカで出版された空海の著作の英訳なども一緒に読んだ。

もっとも、二、三ヵ月たつと、大部分の人は、「教理はもういいから実践修行（プラクティス）を教えてほしい」と決まって言い出す。彼らは、これまでもチベットのラマ僧のデモンストレーションなどに参加しており、密教は神秘的な瞑想だと決め込んでいるようである。

ところで、密教は、思想としても、聖なる世界を象徴的にどのように表現するか、あるいはマンダラ的多様性をどのように解釈するかなどの非常に興味深い諸問題を含んでいるが、全体的に密教をとらえた場合、禅とともに実践性、換言すれば体験性がその基本構造となっている。これは、密教が聖なるものと俗なるものとの、われわれの内面における合一を前提とする、いわゆる神秘主義の一形態であることと無関係ではない。

つまり、神や絶対者などの超越的存在に対して、みずからとの絶対的断絶を知り、ひたすら信仰を捧げるというよりも、むしろ何らかの状況下において、この自己の存在の中に、聖なる境地を体現しようとするのである。そのためには、いくつかの体系的な実践行法が設けられている。そして、その実践体系の多様性は、そのまま密教の発達段階と対応しているのであるが、ここではわれわれのまわり、すなわち日本密教の中で見出される数種類の修行法を抽出し、その内容と意義を紹介したい。

ところで、密教の実践行を考察する場合、いずれもいかにして聖なる状況を実現するかに目的があるが、そこにも非常に複雑で、しかも体系的なシステムを必要とするケースと、それらの複雑な体系から一、二の要素を抽出して、それを拡大して強調した実践法とがある。たとえば、近年、密教瞑想法の簡略版として評価されている阿字観《あじかん》などは、後者の一例である。

また、遍路、とくに四国八十八ヵ所の札所巡りの遍路信仰は、四国巡礼という独特の民俗的要素を多分に内包しながらも、今日多くの人びとに支持され、一種のブームの様相を呈している。

以下、こうした密教の修行法の代表的な例を取り上げてみたい。

修法と護摩

月初めやそれぞれの縁日（たとえば、薬師如来は八日、不動明王は二十八日）に成田山や川崎大師、浅草の観音様などの御利益のある寺院へお参りすると、本堂や護摩《ごま》堂で色鮮やかな法衣に身を包んだ僧侶が、さまざまな法具や供養物を積み上げた壇上で、本尊に向かって全身で祈願の行法を行なっている。願いごとをする信者は、その後ろに坐って、禍《わざわい》を転じて福をいただけるように祈るのである。このような行法を、とくに修法《しゅほう》と呼んでいる。

その基本構造は、古代インド以来の帝釈天《たいしゃくてん》や火天《かてん》などの神々に対する供養の作法に、密教独自の瞑想法を導入したもので、実際にこうした行法を実践できるのは、専門の僧侶であることが多い。わが国では、平安朝の頃から特定の尊格や経典に依拠した修法が行なわれ、それらを別尊法《べつそんぼう》と呼んでいる。たとえば、不動明王に祈願するのが不動法で、威力のある聖天《しょうてん》を本尊とするのが聖天法である。そして、その修法の際に用いられるマンダラを別尊マンダラと称している。

このような修法の基本は、行者の側から用いるほとけの身体的表現である印相《いんぞう》、ほとけの言語的表現である真言《しんごん》、およびほとけの精神的表現であるマンダラ（もしくは本尊図）であるが、それに加えて諸尊への供養物を燃やして祈願を成就する護摩《ごま》の行法が用いられることが少なくない。とくに、いわゆる護摩木に、「無病息災《むびようそくさい》」「商売繁盛《しょうばいはんじょう》」「良縁成就《りょうえんじょうじゅ》」などと書いてそれを燃やしてもらうのが、護摩のクライマックスである。

すでに触れたように、護摩は古代インドの祭祀儀礼であるが、火に供物を投入するという非常に象徴的な宗教儀礼は、密教の意図するところと一致し、日本やチベット文化圏など密教が現在も生き続けているところでは、いずれも護摩の修法が重視されている。

ただし、日本では、修験道において屋外で大々的に行なう柴燈《さいとう》（もしくは採燈）護摩を除くと、おおむね護摩堂など特定の設備を調えた室内で修法されるのに対して、チベットでは、原則として、屋外の土壇《どだん》の上に修法目的（息災・増益《ぞうやく》・敬愛・調伏《ちょうぶく》など）にかなった円形や方形や三角形の砂マンダラを描き、その上で供養物を燃やして祈願するのである。

護摩の本尊は、原則としていかなるほとけでもかまわないが、慈悲深い父親の怒りでわれわれに親しい不動明王の護摩が大部分を占めている。したがって、毎月二十八日の不動明王の縁日には、ゆかりのあるお寺では護摩堂から煙が絶えない。

なお、このような修法によって祈願が可能となるのは、聖なるほとけたちの神秘的な加護力（加持力《かじりき》）と、修法を行なう行者（およびその背後にいる祈願者）がそなえている力（功《く》徳力《どくりき》）と、それらの次元の異なる力が相即しうる場としての力（法界力《ほうかいりき》）がうまく相互に作用しあうことが必要であり、伝統的には、これら三種の力を三力《さんりき》と呼び習わしている。

自分のために行なう修行にしても、他のために行なう傾向の強い修法にしても、その基本となるのは、これらの三力であり、それを簡潔に説いた「以我功徳力《いがくどくりき》、如来加持力《にょらいかじりき》、及以法界力《ぎゅういほうかいりき》、普供養而住《ふくようにじゅう》」という三力偈《さんりきげ》を唱えることが多い。

加行と灌頂

修法や護摩は、確かに最も体系の整った密教の行法であり、しかも結果的には聖なるものに働きかけるという祈願の役割を果たすわけであるが、それを行なうには、密教僧として課せられた加行《けぎょう》・灌頂《かんじょう》というカリキュラムを必ず修得しておく必要がある。

「加行」とは、インドの大乗仏教の実践体系では、正式な行法の前段階的な修行をさしていたが、密教では、後述の灌頂に先立つ数段階の行法システムを意味する。このシステムの具体的内容は、事相《じそう》と呼ばれる伝統的密教の実践学の流派によって異なっているが、通例では、金剛界と胎蔵界という両部の修法、特定の尊格を本尊とする十八段階の基礎的修法（十八道《じゅうはちどう》）、および護摩作法からなっている。

以上の四つの部分から成る行法体系を四度加行《しどけぎょう》と呼ぶのである。それに要する日数も、以前は百日を超すことが多かったが、近年では短縮する傾向にあると聞いている。

最後に、密教の免許皆伝ともいうべき灌頂がある。「灌頂」とは、頭に水を注ぎかけることを意味するが、これは古代インドにおいて国王が即位する際に、四方の海の水を注いだことに起因している。要するに、資格があることを象徴する儀式であり、密教では、まさに不可欠の役割を果たす。キリスト教の洗礼も同種の類似儀礼である。

この灌頂の儀式では、広げた敷《しき》マンダラの上に花を投げて自分にゆかりのあるほとけを神秘的に選び出すが、空海が長安の青龍寺《しょうりゅうじ》で灌頂を受けた時、金剛界・胎蔵界いずれのマンダラでも中尊大日如来の上に花が落ちたという。そのため、大日如来の密教名（金剛名）である遍照金剛《へんじょうこんごう》を名乗ることとなり、有名な「南無《なむ》大師遍照金剛《だいしへんじょうこんごう》」という宝号が生まれる原因となったのである。

私も学生の時、京都のある本山で灌頂を受けた。まだ密教について十分知識のない頃だったが、その時、新弟子の私もまたマンダラの上に花を投げた。ところが現在では、少し形式化しており、マンダラのどこへ落ちても、それはすべて大日如来の現れということで、そばで手伝っている者が棒でサッと花を大日如来のところへ持っていってくれる。そして目隠しをとる時、そばに立ち会っている人が、「大日如来」と大声で知らせてくれる。

私も、先に受けた胎蔵界マンダラの投花はその仕方のとおりだったが、次の金剛界マンダラの時には少し心に期するところがあった。そこで、目隠しはしていたが、ぐっと手を伸ばして、このあたりだろうと思われるあたりに花を落とした。

そうすると、その花が金剛薩埵《こんごうさつた》といって、中央の大日如来に向かって手前の重要なほとけの上に落ちたらしい。なぜならば、そばにいる人が、思わず大声で「金剛薩埵」と叫んでくれたからである。ところが、先にもいったように、現在ではどこへ落ちても大日如来だから、すぐに続けて「もとい大日如来」と言い直したことをよく覚えている。

これは、個人的な感想だが、すべて大日如来であっても教理的にはかまわないが、自分が花を落としたところのほとけは、その人の運命的な選択であるので、灌頂の場合も原点に戻って、そのままの名前を教えてもらえればありがたいと思われてならない。

阿字観

加行・灌頂という体系的なカリキュラムを持つ修行体系に対して、むしろ比較的行ないやすい単独行法として重視されてきたのが、阿字観《あじかん》という一種の密教瞑想法である。これは、両部の大経の一つである『大日経』の「悉地出現品《しつじしゅつげんぼん》」「成就悉地品《じょうじゅしつじぼん》」などに断片的に説かれる観法《かんぼう》を体系化したもので、満月の輪の中に、あらゆる文字の最初であり、根源でもある阿(a)字を観じ、それと自己との同一を感得するのである。場合によっては、その阿字が膨張して全宇宙を覆いつくすと観じる広観《こうかん》、逆に阿字が小さく収斂《しゅうれん》して、一点に凝縮すると観じる斂観《れんかん》を挿入することもある。

マンダラのシンボリズムに関して改めて触れるように、清涼な月、とくに完全性を象徴する満月は、インドにおいては、最高の瞑想対象であり、その中に梵字アルファベットの先頭の阿字を観じることは、全存在をそこに集約することにほかならない。

この阿字観は、簡略であって、しかも要点を得た理想的な密教瞑想法であるので、「密教の一字禅」という言葉のあるように、近年一般の人びとにも大きな関心を喚び起こしているようである。真言密教の拠点の一つ、高野山《こうやさん》でも阿字観道場をつくってその普及に力を入れている。

遍路

数ある密教の修行の中で、現在多くの人びとの関心を集めているものの一つが、遍路、とくに四国八十八ヵ所の「お遍路さん」である。

この八十八ヵ所の巡礼は、すでに弘法大師空海の以前から存在していた山林修行、あるいは室戸崎《むろとざき》や足摺岬《あしずりみさき》などに代表される海辺の行場をめぐる辺地《へじ》信仰のような大自然と一体となる修行を土台とするものであり、空海も都の大学を中退してから密教を求めて中国に渡る間に、四国阿波国《あわのくに》（現在の徳島県）の大滝《たいりゅうがたけ》岳や土佐国《とさのくに》（高知県）の室戸崎などで「虚空蔵求聞持法《こくうぞうぐもんじほう》」という荒行に励んだことが、二十四歳の時に著した戯曲風自伝である『三教指帰《さんごうしいき》』に説かれている。

そののち、讃岐国《さぬきのくに》（香川県）の志度寺《しどじ》や長尾寺《ながおじ》に見られる観音菩薩の浄土である補陀洛《ふだらく》信仰、さらには伊予国《いよ》（愛媛県）などの寺々に多く認められる紀州熊野を中心とする神仏習合《しんぶつしゅうごう》信仰、つまり熊野信仰など多くの民俗的な信仰が影響しあって、いつの頃か弘法大師にゆかりのある寺々を中核として八十八ヵ所のグループができ上がったのである。

この八十八という数については、さまざまな解釈がある。漢字の「米」という字を分解した数字であるとか、われわれの通過しなければならない厄年、具体的には、子供の十三と男性の四十二、そして女性の三十三を合計した数ともいう。また、仏教の教理からは、釈尊ゆかりの八つの仏塔を十倍にして、それにもとの八塔を合計した数という説明もなされている。

けれども、通常よく聞かれるのは、有名な衛門三郎《えもんさぶろう》の伝説とそれにかかわる八十八の煩悩である。衛門三郎は伊予国の豪族であったが、冷酷無慈悲な男で、弘法大師空海のさとしにも耳を傾けず、かえって暴力を振るうありさまであった。その結果、仏罰によって八人の子供たちを次々と失った衛門三郎は、初めて罪の意識に目ざめ、かつて手をかけようとした空海に巡りあって贖罪するために四国八十八の寺々を巡礼したという。そして、とうとう阿波の山奥の寺十二番の焼山寺《しょうさんじ》のふもとで行き倒れたが、幸い臨終の間際に弘法大師が現れて罪を許され、来世は伊予国主河野家の子として生まれかわったという。この時、衛門三郎再生と書いた石を持って生まれかわってきた子供の故事にちなんで、松山市道後温泉近くにある第五十一番札所の石手寺《いしてじ》の名前ができたと伝えられている。

この話そのものは、室町時代に入って弘法大師の遺徳を賞讃する大師信仰が盛んになった頃の成立と推測されるが、いずれにしても宗教学的にいう死と再生のイメージが土台となっており、加えて衛門三郎伝説に特徴的な贖罪・懺悔の思想が中核を形成していることを見逃してはならない。

現在の四国遍路の具体的な内容は、江戸時代の頃に確立したと思われるが、阿波国の霊山《りょうぜん》寺《じ》を第一番として、四国を右回りに巡拝し、讃岐の大窪寺《おおくぼじ》を第八十八番の結願《けちがん》札所とするコースが用いられている。

四国遍路

そして、これを仏教の教理でもって次のように説明している。まず、阿波国（二十三ヵ寺）は、発心《ほっしん》の道場で、さとりを求めてスタートするところである。土佐国（十六ヵ寺）は、その長い道程から知られるように修行の道場である。さらに伊予国（二十六ヵ寺）は、やっとさとりに巡りあえる菩提《ぼだい》の道場である。最後の讃岐国（二十三ヵ寺）では、そのさとりを完全に自分のものにするとともに、他の人びととも共有する涅槃《ねはん》の道場なのである。

この発心・修行・菩提・涅槃という四つの教えは、経典としては『大日経《だいにちきょう》』に説かれるものであり、それを注釈した一行《いちぎょう》禅師の『大日経疏《だいにちきょうしょ》』では、胎蔵《たいぞう》界マンダラの本尊大日如来《だいにちにょらい》を取り囲む宝幢《ほうどう》・開敷華王《かいふけおう》・無量寿《むりょうじゅ》・天鼓雷音《てんくらいおん》という四体の如来の持っている徳性と解釈されている。このように、教理的なものを現実の実践修行の中に具体的に象徴化するのも密教の大きな特色といえる。

遍路と密教

遍路そのものは、必ずしも密教に限定されないが、やはり密教的要素が濃いことも否定できない。現在の四国霊場には、必ず本堂と大師堂の二つの堂があり、巡礼者はいずれにも巡拝しなければならない。

このうち本堂にまつられる本尊は、寺々によって千差万別であるが、薬師如来、阿弥陀如来、十一面観音、千手観音などが人気を集めている。特異なところでは、『法華経《ほけきょう》』に説く大通智勝《だいつうちしょう》如来（第五十五番南光坊《なんこうぼう》）、六観音の一つ馬頭観音《ばとうかんのん》（第七十番本山寺《もとやまじ》）、天部の代表毘沙門天《びしゃもんてん》（第六十三番吉祥寺《きちじょうじ》）などが変わり種である。このように、数多くのほとけたちが、病気の平癒、厄難の救済などそれぞれ固有の働きをしながら一つの遍路マンダラを形成しているのである。なお、近年、同じ四国に曼荼羅霊場という新しい霊場グループが誕生したのも同様の発想に基づくものであろうか。

もう一つの大師堂は、四国遍路のシンボルである弘法大師をまつっている。四国を遍路する人は、死装束を意味する白衣《びゃくえ》、もしくは袖のない笈摺《おいずる》を着用するが、その背中の部分か、頭にかぶる菅笠《すげがさ》に「同行二人《どうぎょうににん》」と書くことが多い。これは、別にカップルでお参りするということではなく、たとえ一人で巡拝しても、常に弘法大師に守られているということを示したもので、聖なる存在に包まれているという密教の大前提を端的に表現したものと考えられる。

遍路信仰がほかならぬ弘法大師と不可分に結びついていることは、決して単なる偶然ではないのである。

このように、密教の実践は非常に幅が広く、決して一つの枠に限定されるものではない。しかし、いずれにも共通している要素を取り上げるならば、何らかの要素を通してほとけの世界をみずからのうちに体得しようとする努力であり、阿字観であっても、遍路であってもいずれも同じ、有難く豊かな頂上を目指す道の一つといえるのではないだろうか。

日本文化の地下水

日本文化の基層

密教は、思想としても、実践としても興味深い内容を持っているが、多くの人びとの中に溶け込んでいるのは、むしろ日常の習俗として日本文化を形成している部分である。

たとえば、七月・八月の暑い時期にお盆がやってくる。その時には先祖の霊が帰ってくるとされ、仏壇を持っている多くの家庭では、菓子や果物などを供え、僧侶を招いてねんごろに供養してもらう。その時、とくに施餓鬼《せがき》といって、目に見えない霊の一種に水や果物や菓子を供えて、成仏を祈願する習慣があり、夏（お盆）の風物詩の一つとなっている。

また、少し時代をさかのぼって、『源氏物語』『平家物語』『太平記』などの文学作品に目を通すと、そこに密教に関する記述が多いことに気がつく。とくに、観音菩薩や不動明王などのほとけたちや、護摩《ごま》や灌頂《かんじょう》といった密教の儀式が人びとにもよく知られていたことに驚く。

さらに、密教の文化の一翼を担う声明《しょうみょう》や梵字《ぼんじ》については、現代でこそ「珍しいもの」ということでむしろ注目を集めているが、平安・鎌倉の両時代には、皇室・貴族・武士などの主として上流階級に、また室町時代から江戸時代にかけては、一般の人びとにまでかなり知られていたようである。

加えて、マンダラのところでも改めて触れる神仏習合《しんぶつしゅうごう》の文化にも注目すると、以前ある人が密教のことを「日本文化の地下水」と呼んだように、密教は、表面的には必ずしも極端に目立たないものの、日本の文化の中では、相当深いところまで根を張って、人びとの伝統文化の一部になっているのである。

密教と文学

長年にわたって日本仏教の重要な部分を形成してきた密教であるだけに、文学の素材としても、密教は大きな役割を果たしている。ここで、すべてを網羅することは不可能であるので、代表的なものだけを時代順に紹介しておきたい。

内容が整備体系化されたいわゆる純密《じゅんみつ》は、平安時代初頭の最澄と空海の入唐を待たなければならないが、奈良時代には、すでに十一面観音や千手観音などの人間離れをした変化観音《へんげかんのん》の経典や仏像が伝わっていたことはあまねく知られている。

奈良末期から平安初期にかけての密教の様子に詳しいのは、薬師寺の景戒《きょうかい》が撰したという『日本霊異記《にほんりょういき》』である。そこには、吉野大峯を開いた役《えんの》行者《ぎょうじゃ》の話、山城国蟹満寺《かにまんじ》の蟹の恩がえしの話、あでやかな吉祥天女《きっしょうてんにょ》像に恋した僧の話などが収められているが、まだ密教が独立した重要なテーマとはなっていない。

日本文学史のうえでも弘法大師空海の占める位置は無視できない。空海は、二十四歳の時にみずからの人生経験をもとにして、『聾瞽指帰《ろうこしいき》』（のちに『三教指帰《さんごうしいき》』と改題）という戯曲風自伝を書き下ろした。これは、儒教・道教・仏教という当時の主要な宗教を比較することによって、仏教に至ったみずからの遍歴を述べた一種の思想小説である。その文体は、中国の六朝《りくちょう》から唐代初めにかけて流行した四六駢儷体《しろくべんれいたい》という文章形式を用いている。

次に、空海の作とされる『文鏡秘府論《ぶんきょうひふろん》』は、漢詩文を著すに際しての音韻論、詩論、修辞論などについて、多くの典籍を博引旁証《はくいんぼうしょう》したもので、自身の言葉は比較的少ない。しかし空海の多くの著作や、のちに『遍照発揮性霊集《へんじょうほっきせいれいしゅう》』という文集に収録された数々の文章からも明らかなように、韻文と散文を混合した文体を駆使するなど、空海の文章論と密接に結びついていると考えられる。

平安文学と密教

最澄・空海によって一つの宗派として本格的に開かれたわが国の密教は、平安時代の文学作品の多くに、題材として生き生きと描かれている。

験者《げんざ》「限りある御命にて、この世つきたまいぬとも、ただ、今しばし、のどめたまえ。不動尊の御本《おほんもと》の誓いあり。その日数をだに、かけとどめたてまつりたまえ」と、頭より、まことに黒けぶりを立てて、いみじき心をおこして、加持したてまつる。

（『源氏物語』「若菜」）

験者の物のけ調《ちょう》ずとて、いみじうしたり顔に独鈷《とっこ》や数珠《じゅず》などもたせ、せみの声しぼりいだして誦《よ》みいたれど、いささかさりげもなく、護法もつかねば、あつまりい念じたるに、男も女もあやしとおもうに、（中略）、数珠とり返して、「あな、いと験なしや」とうちいいて、額よりかみざまにさくりあげ、あくびおのれよりうちしてよりふしぬる。

（『枕草子』「すさまじきもの」）

これらは、平安時代の二大女流作家といわれる紫式部の『源氏物語』と清少納言の『枕草子』の一節を紹介したものであるが、いずれも密教の行者が、病人、もしくはもののけ（つきもの）を加持祈禱しているさまを、さすがに女性らしく克明に描写している。

ただし、紫式部のほうが、不動明王を本尊として護摩を焚いている光景を、一つの事実として客観的に述べているのに対し、皮肉を売りものにしている才女・清少納言は、とくに効果のない時を取り上げ題材にしている。二人の女性作家の性格の相違が感じとられて興味深い。

もう少し庶民のレヴェルまで下がって考えると、『今昔《こんじゃく》物語《ものがたり》』などの説話文学や、一般大衆の俗謡である今様《いまよう》を集めた『梁塵秘抄《りょうじんひしょう》』の中に、密教のいきいきとしたエネルギーをかいま見ることができる。

まず、「今は昔」という有名な言葉で始まる『今昔物語』は、詳しい成立事情は不明であるが、天台系の下級僧侶や在家信者が編集にかかわっていると推測されるだけあって、密教の知識が相当あったことを証明している。

『今昔物語』には、天竺《てんじく》（インド）・震旦《しんたん》（中国）・本朝《ほんちょう》（日本）という三国の説話が約一千ほど集められているが、このうち、インドと中国における密教関係の話としては、次のようなものがあげられる。

(1) 善無畏《ぜんむい》三蔵、胎蔵界曼荼羅を震旦に渡せること
(2) 金剛智《こんごうち》三蔵、金剛界曼荼羅を震旦に渡せること
(3) 不空《ふくう》三蔵、仁王呪を誦して験を現せること
(4) 震旦の沙弥《しゃみ》、胎蔵界を念じて難をのがれたること

このほか、真言《しんごん》・陀羅尼《だらに》などの密教を意味する言葉は、かなり多く見出すことができ、インド・中国の密教、とくに直接の母国となった中国の密教の歴史などについて、相当の知識がいきわたっていたことが知られる。

さらに、本朝、つまり日本の部になると、弘法大師（空海）・伝教大師（最澄）・慈覚大師（円仁）・智証大師（円珍）などの代表的な密教僧が続々と登場し、高野山奥の院の入定《にゅうじょう》の

話や中国から三鈷杵《さんこしょ》を投げた話などのエピソードがいきいきと説かれている。

また、長谷寺の十一面観音像、清水寺《きよみずでら》の千手観音像、鞍馬寺《くらまでら》の毘沙門天《びしゃもんてん》像、信貴山《しぎさん》の毘沙門天像の縁起物語などが、それぞれの霊験としてありがたく説かれており、奈良時代末から平安時代の前半にかけて多くの寺院が相次いで建立された模様をうかがい知ることができる。

後白河法皇の編著とされる『梁塵秘抄』は、名もない人びとのつくった民衆歌謡である今様を集めたものであるが、ここでは、むしろ人びとが密教をいかに考えていたかを明快に知ることができる。

たとえば、

仏はさまざまにいませども、まことは一仏なりとかや、薬師も弥陀も釈迦・弥勒《みろく》も、さながら大日とこそ聞け

仏も昔は人なりき、われらもついには仏なり、三身・仏性《ぶつしょう》具《ぐ》せる身と、知らざりけるこそあわれなれ

という歌があるように、マンダラの精神からいえば、薬師如来や阿弥陀如来という個別のほ

とけとして現れていても、より高い立場に立てば、すべては大日如来の顕現にほかならないという考え方、ならびに、私たちはほとけとなれる特質を持っているという考え方は、まさに密教の特質を巧みに表現しているといえる。

中世文学と密教

平安時代に花開いた密教は、仏教の中でも重要な位置を占めるに至った。少し厳しい目で見れば、白河・鳥羽・後白河法皇に代表される院政期の頃からは、密教は、当初掲げていた個人の成仏と国家の安穏という高遠な目的から後退して、藤原氏を中心とする上流階級の人びとの安産や病気平癒などの私的な祈願に奉仕する傾向を強めていったようであるが、その結果、多くの仏画や仏像などを生み出したことも事実である。

鎌倉時代になって、承久《じょうきゅう》三年（一二二一）に後鳥羽上皇が鎌倉幕府と争ったいわゆる承久の乱の結果、京都の旧勢力はしばらく影響力を失い、それとほぼ同じ頃、念仏・禅などの新しいタイプの仏教が台頭してくることとなる。

密教においても、奈良・鎌倉を中心に、叡尊《えいぞん》など真言律宗系の新鮮な活躍もあったが、法《ほう》然《ねん》上人などの新興の念仏運動に対抗した密教者の一人に京都・栂尾《とがのお》の明恵《みょうえ》上人があった。明恵は、別に高弁《こうべん》とも呼ばれるが、幼くして父母を亡くし、仏門に入って主に華厳《けごん》と密教を学んだ。中国・インドへの参拝を企画したが、春日大明神の神託によって断念。後鳥羽上皇から京都洛西の栂尾山を賜り、高山寺《こうざんじ》と号した。

明恵は、華厳と密教の止揚をはかり、さとりを求める心である菩提心《ぼだいしん》を前面に打ち出し、新興勢力の念仏に対したが、自己の精神の深奥を凝視するとともに、みずからの見る夢とその内容に大変興味を持った。そして夢の分析を行なった『夢之記』は、近年、C・G・ユングによって提起された深層心理学の分野から多大の関心を集めている。

もう一人の西行《さいぎょう》は、正確には平安時代末の人であり、『山家集《さんかしゅう》』などのすぐれた歌集を残している。彼は真言宗の僧侶で、もとは御所を守る北面武士であったが、友の急死を契機に発心し、高野山で長年修行に励んだ。


なげけとて月やは物をおもはする　かこちがほなるわが涙かな

願はくは花の下にて春死なん　そのきさらぎの望月のころ

西行の歌には、その経歴から、どことなく無常感がただよっていることは否定できない。ましてや彼が実際に生きた平安末期は、院政の混乱から源平の戦乱に続く時代であり、まさに末法の世であった。しかし、彼の歌には、まだ花鳥風月を感じとる一面が顕著に認められる。極端な厭世主義やニヒリズムではなく、大自然の中に息づく森羅万象に対しては、素直にそれを感じとるところに西行の特徴がある。

このような傾向には、ありのままの世界を表現する和歌こそは、密教でいう聖なる世界の言語的表現である陀羅尼と異ならないという発想と関連するところがあり、鎌倉時代中頃の僧無住《むじゅう》によって撰述された『沙石集《しゃせきしゅう》』に説くところの和歌即陀羅尼観に展開していったと思われる。

その後の日本文学と密教

室町時代は、京都の室町幕府を中心に、「わび」「さび」に象徴される禅的な文化が上流階級に受け容れられたが、全体的な文化傾向としては、むしろ一般の庶民大衆に浸透した文化が形成され始める時代であった。

文学のうえでも、まったく同様であり、世阿弥《ぜあみ》の『花伝書《かでんしょ》』に代表される深遠・枯淡《こたん》な能の世界が確立されると同時に、庶民は『御伽草子《おとぎぞうし》』や説経などの勧善懲悪を基本とし、しかもそこに宗教的な利益・功徳を強調するものに関心を強めていったようである。これらを総称して「唱導文学《しょうどうぶんがく》」と呼ぶこともある。

この傾向は、戦国の混乱期にあっても衰えることなく、江戸時代にも引き継がれていく。つまり、庶民の喜怒哀楽と密接な関連を持つ文学が主導権を握ることになるのであり、文学の「庶民化」、利益功徳の「土着化」ということができる。

密教的な題材に限っていうと、高野山や四国の八十八ヵ所とかかわる「石童丸《いしどうまる》（苅萱道《かるかやどう》心《しん》）」「衛門三郎《えもんさぶろう》」の話ができ上がってきたのは、この頃（十六世紀から十七世紀）である。また、以前から萌芽的な記述はあったとはいえ、南紀・那智山《なちさん》、摂津《せっつ》・中山寺《なかやまでら》、讃岐・志《し》度寺《どじ》などの有名な社寺の神仏の功徳を説く社寺縁起、そしてそれを絵画に表現した社寺参詣マンダラが、人びとの爆発的な信仰を集めることになるのである。

以上、駆け足で日本文学と密教のかかわりを概観してきたが、密教は王朝時代の上流階層に、とくに私的修法の面で重視されたと同時に、古くから庶民のホンネの信仰に支えられており、それが近世になって独特の土着文化を築き上げたといえるだろう。

密教と音楽

みずからの持てる能力を最大限に発揮しようとする密教では、美術をはじめとする芸術活動に大きな関心を示すことは、改めていうまでもないだろう。そのうち、美術、とくに狭い意味の密教美術については、別に詳しく取り上げているので、ここでは実践の面で重要な意味を持つ仏教音楽を紹介したいと思う。

仏教を初めて説いた釈尊は、歌舞音曲などの芸術活動に対して否定的にしか評価しなかったという。なぜならば、みずからのさとりを求めて内省に励む仏道修行では、世間的な喜びや悲しみと結びつきやすい歌や踊りは、むしろ修行を妨げるものとして斥けられたからである。

しかし、大乗仏教が興ってくると、例によって少し状況が異なってくる。歌や踊りは、みずからのさとりよりも、むしろ聖なるほとけや仏塔に対する供養の意味を持つことになる。インド南東部のナーガールジュナコンダなどから出土した石板には、仏塔に対するさまざまな供養の模様がいきいきと表現されている。この傾向は、さらに進展の度を増し、密教では、法会儀式の中に音楽による供養を積極的に取り込んだのである。

ところで、仏教音楽をさす専門用語としては、声明《しょうみょう》という言葉が用いられている。これは、漢字を、いわゆる呉音で発音したもので、現代の人なら、多分「せいめい」と漢音で読むことが多い。大会や集会の時に、発表し、採択する「せいめい」である。

これに対し、「しょうみょう」という言葉は、梵語の「シャブダ・ヴィドヤー（śabda-vidyā）」が中国語に翻訳されたもので、生まれ故郷のインドでは、元来、言葉に関する学問を意味していた。つまり、医学をさす医方明《いほうみょう》、工芸や技術をさす工巧明《くぎょうみょう》に対して、声明は、言語・文法・音韻など言葉にかかわる学問全体を総称していた。

古来、インドでは、聖典であるヴェーダの詩句は、独特の曲節をつけて朗詠しており、狭義の声明は、仏教の経文や詩頌《しじゅ》に曲節をつけて歌詠することを意味している。仏教でも、律典に仏教独自の歌詠法が説かれているので、古くからそういう習慣があったと推測されるが、その模様を復元することは容易ではない。

中国へは、西域を通って三国時代に伝来し、山東省泰安《たいあん》の魚山が声明の聖地として神聖視されている。そののちは、浄土教の阿弥陀如来の信仰に影響されて、独特のメロディーで唱える引声念仏《いんじょうねんぶつ》が流行したことが、平安時代の初期に入唐した円仁《えんにん》によって報告されている。

日本の声明の展開

わが国における声明の初伝は、奈良時代にさかのぼる。有名な天平勝宝四年（七五二）の大仏開眼の時には、仏教音楽にあたる声明を含んだ厳粛な法要が行なわれ、また声明と密接な関連を持つ演奏にあたる伎楽《ぎがく》が、林邑《りんゆう》（ベトナム）僧の仏哲《ぶってつ》によって奉納されたという。

わが国に本格的な密教を伝えた空海は、いったいどのような声明を知っていたのであろうか。空海が持ち帰った経典や仏具などを目録にして朝廷に差し出した『請来目録《しょうらいもくろく》』では、

梵字《ぼんじ》・梵讃《ぼんさん》等をもって、これを学ぶ

とあり、梵字とともに、インドの言語を用いた仏教音楽が知られていたことは疑いない。

また、空海が撰述したとされる『文鏡秘府論』には、

声に五声あり。角《かく》・徴《ち》・宮《きゅう》・商《しょう》・羽《う》なり

と説かれていることから、「宮・商・角・徴・羽（音階順）」の五音音階法を採用していたことがわかる。

この五音音階の配列に関しては、呂《りよ(ろ)》旋法と律《りつ》旋法の二種があり、俗にいう「呂律《ろれつ》が回らない」はここに由来している。

そののち、天台宗の円仁が、中国の五台山から阿弥陀仏の念仏を唱える引声念仏を伝えるなど、いくつかの大きな流れはあったが、系統的には、

(1) 真言声明
(2) 天台声明
(3) その他の声明

に分けることができる。

真言系では、一時期には仁和寺《にんなじ》や醍醐寺《だいごじ》など京都の名刹で声明が栄えたが、鎌倉時代の中頃からは、高野山に中心が移り、「南山進流《なんざんしんりゆう》」という一派が大きな力を持った。のちに、高野山の長恵《ちようけい》が『魚山蠆芥集《ぎよさんたいがいしゆう》』三巻を著してからは、現在に至るまで、同書が高野山・京都各山をはじめとする古義《こぎ》真言声明の基本テキストとなっている。もっとも、智山《ちざん》（智積院《ちしやくいん》）と豊山《ぶざん》（長谷寺《はせでら》）を中軸とする新義《しんぎ》系の真言宗では、別の声明書に基づくため、現在でも古義と新義の僧侶たちが合同で唱えると、リズムとメロディーが合わないようである。種智院大

学（京都）で三派合同（古義・智山・豊山）で法要をする場合は、担当を割りふっている。

一方の天台声明の場合、融通念仏宗《ゆうずうねんぶつしゅう》を開いた良忍《りようにん》がそれを大成した。良忍は、京都洛北の大原に来迎院《らいごういん》を建て、念仏を勧めるとともに、中国の声明道場である魚山《ぎよさん》を模倣して名を改めた。したがって、彼は天台声明の中興の祖とされ、天台声明のことを、別名「大原声明《おおはらしょうみょう》」と称するに至ったのである。

その他の仏教諸派も、多かれ少なかれ声明を取り入れ、独自の儀式の演出に役立てている。なかでも、浄土宗系では、阿弥陀仏の念仏と結びついた歌詠と踊りが生み出され、それが融通念仏踊りや六波羅念仏踊りなどの念仏踊りとしていまも伝えられていることは興味深い。

声明と現代

声明は、仏教音楽の総称ということができるが、もっと広義に解釈すると、善男善女が四国霊場や観音霊場でお唱えする御詠歌《ごえいか》なども含まれる。しかし、通常の意味で解釈すると、法要や法事などの時に、僧侶が曲節をつけて歌詠する仏教音楽をさす。

これには、内容に従って、
(1) 梵讃《ぼんさん》
(2) 漢讃《かんさん》

という違いがあり、それぞれインド・中国・日本の言葉で唱えることになる。

(3) 和讃《わさん》

声明のすべてが「讃」(韻文でつくられた讃歌)というわけではないが、本尊をはじめとするほとけたちの徳を讃歎することは、典型的な供養であると同時に、その恩恵を願う祈願にもなるのである。

とくに、法会においては、単に棒読みするだけよりもいっそう感動を与える演出効果を持つことは否定できない。

声明は、音楽的にいえば、いわば東洋音楽であり、「ドレミファソラシド」に慣れ親しんだ西洋音楽とは性格の異なるものである。両者の具体的な対比については、私の能力を超えているが、別の価値体系を持つすぐれた音楽として、最近改めて注目を集めている。

「オーケストラと声明」「フラメンコと声明」という試みもなされているが、一部の人びとの間のみに伝えられてきた伝統音楽を、新しい視野からもう一度とらえ直してみることも決して無意味ではあるまい。

密教と梵字

現在の日本で生き続けている幅広い仏教文化の中でも、最も「密教的」といえるのは、インドの文字である梵字《ぼんじ》である。梵字を見る機会が多いのは、墓地の石塔と仏壇の中の位牌である。それらの中でかなりのものが、「○○家先祖代々之霊」、もしくは「○○院○○○○居士」などの霊名や戒名の上に、独特の梵字を一字書き記している。このような梵字を用いるのは、宗派でいえば、真言宗・天台宗が圧倒的に多く、それに浄土宗が続く。

具体的には、真言宗、天台宗などの密教系宗派では、梵字のアルファベットの最初にくる𑖀（a）をとくに神聖視するため、大部分の墓石と位牌には、a字を書き込む。もっとも、亡くなった人が、齢のゆかない子供の場合は、子供の守りぼとけといわれる地蔵菩薩を表す𑖮（ha）字を用いることが多い。ただし、阿弥陀如来を本尊とする浄土宗では、大日如来を象徴することもあるa字を避け、阿弥陀如来をさすキリーク（𑖮𑖿𑖨𑖱𑖾）字を使用する。

ところで、梵字とは何かというと、広い意味では、インドの文字全体をさす。しかし、実際に日本へ伝わったのは、サンスクリット語（梵語）と呼ばれる古代インド言語の中で、紀元前三世紀以後流行したブラフミー書体のうち、とくに六世紀から七世紀にかけて多く用いられたシッダマートリカー書体で書かれた字のことをいう。このシッダマートリカーを短縮し、音写すると、「悉曇《しったん》」となるため、わが国では、梵字のことを「しったん」とも称している。

この悉曇の書体は、シルクロードを通って中国へ伝えられ、わが国には奈良時代にすでに知られていたらしい。法隆寺に伝わる『般若心経《はんにゃしんぎょう》』などの古写本は、七世紀から八世紀頃のものとして古来注目を集めている。

梵字で表現された金剛界マンダラ（部分〔成身会〕、岐阜県　飛騨国分寺蔵）

もともとインドの文字なので、インドではシッダマートリカーのあとには、ナーガリーという書体が大流行した。近年、ネパールなどから多く発見された梵本（梵語で書かれた経典などのテキスト）は、ナーガリー書体がさらに発達したデーヴァナーガリーで書かれたものが主流を占めている。

以上のように、狭い意味でいう梵字悉曇は、マンダラや塔婆や護摩札に書く梵字の書体（字形）をさしているが、もう少し広い意味にとると、それらの字で書かれた真言や陀羅尼の発音（字音）、さらには各字によって象徴的に表現される教理的な意味、たとえば阿字本不生《あじほんぷしょう》（a字は、存在は本来生起しないことを表す）などの教義（字義）を総合して、わが国の梵字悉曇が成り立っているのである。

わが国における梵字の歴史

本来インドの文字である梵字が正式にわが国に伝わったのは、奈良時代であった。大仏開眼法要の導師となったインド僧の菩提僊那《ぼだいせんな》と、林邑（ベトナム）僧の仏哲が、奈良の大安寺《だいあんじ》で梵語を教えたという記録がある。いずれにしても、これらの異国僧や、遣隋使・遣唐使とともに中国に入った日本僧たちによって、異国情趣に満ちた梵字が伝えられたことは、想像に難くない。

こうして伝えられた梵字が、体系的に研究され始めたのは、最澄や空海などの八人の入唐僧によって中国から多くの資料がもたらされてからのちである。とくに空海は、最初から密教を学ぶことを目指していたので、梵語・梵字についても多大の関心を払っている。

まず、空海は、師の恵果《けいか》阿闍梨《あじゃり》に巡りあう前に、インド僧の般若《はんにゃ》三蔵から直接教えを受けているので、この時に梵語・梵字の知識を得ていたことは疑いない。

また、恵果のもとでの一年足らずの密教修得の結果、帰国に際して多くの密教経典をみずからと写経生などの尽力によって筆写したノートである『三十帖冊子』の中に、多くの梵字を見出すことができる。

そして、空海の密教思想が円熟の時期を迎えた頃、彼は、『声字実相義《しょうじじっそうぎ》』と『吽字義《うんじぎ》』という二つの代表的な著作を著して、梵字を基本とする密教の言語哲学を展開している。加えて、梵字悉曇そのものに関して、『梵字《ぼんじ》悉曇字《しったんじ》母《ぼ》并釈義《ならびにしゃくぎ》』を著しているが、これは、わが国最初の本格的な梵字悉曇の研究書であった。

空海に遅れること三十余年ののちに中国に渡った天台僧の円仁も、唐の都長安で多くのインド僧や中国僧から梵語・梵字を習っている。その内容は、空海に勝るとも劣らないものであり、その研究成果は、のちに天台僧の安然《あんねん》によって、大著『悉曇蔵《しったんぞう》』八巻として結集されている。同書は、梵字悉曇に関する諸問題をあらゆる角度から考証し、分析したもので、わが国の悉曇学のうえでも重要な位置を占めている。

梵字の復興

空海・円仁・安然によって確立されたわが国の悉曇学は、その後はいく人かの特筆すべき研究はあったものの、音韻研究の分野を除いては、鎌倉時代から室町時代にかけて、いったん衰微したといわざるをえない。

ところが、皮肉なもので、学問としての悉曇学は低調であったが、この時代には民衆の間に造形的な梵字美術が普及したのである。それは、板碑《いたび》と呼ばれる石造りの板塔婆《いたとうば》で、そこにさまざまの仏を表す種字《しゅじ》（単音節の梵字真言。「種子」とも書く）を彫り刻んでいる。板碑は、全国各地に遺存しているが、関東・埼玉県の慈光寺《じこうじ》のものが有名である。このことは、梵字の受容が密教を通じて全国へ広まったことを物語っている。

江戸時代になると、梵字の普及とともに、悉曇学の面でも三人のすぐれた僧によって大きな成果があげられた。それは、澄禅《ちょうぜん》、浄厳《じょうごん》、慈雲《じうん》の三人である。

澄禅は、京都東山の智積院の学僧であったが、梵字書道、とくに刷毛《はけ》書きを確立した。それまでは、梵字を書くときには、毛筆、もしくは朴筆《ぼくひつ》（穂先が木）であったため、便宜的な毛筆はともかく、朴筆では墨を長く保てない欠点があった。それを刷毛で補うとともに、豪快、かつ華麗な刷毛書き梵字を流行させたのは、澄禅の功績であった。

東京・湯島《ゆしま》の霊雲寺《れいうんじ》や大阪河内《かわち》の延命寺《えんめいじ》を開いた浄厳は、密教の実践（事相《じそう》）のうえでも大きな業績を残しているが、悉曇学の分野でも活躍した。とくに、梵字の字形に混乱が生じていたのを整理し、加えて実際に用いる真言・陀羅尼の普及に尽力した。そのため、『普通《ふつう》真言蔵《しんごんぞう》』三巻を著したが、これは日常唱えることの多い真言・陀羅尼の正しい読み方を示したもので、悉曇文字の横に読み音を付している。

江戸時代の後半期に、河内の高貴寺《こうきじ》を中心に人びとに平易に密教を説いた慈雲は、わが国の悉曇学でも最高の学僧であった。彼は、毛筆のすぐれた梵字書家であったのみならず、梵語学の領域まで手をのばして、インドの経典を復元したほどであった。

以上のように、独特の展開をとげた梵字悉曇であるが、やはり「外国語」であるだけに、一般の人びとには難しいものであったことは否定できない。しかしながら、言葉や文字そのものにほとけの世界への入り口を求めようとする密教では、梵字の持つ意味が非常に重大であることはすでに指摘したとおりである。それゆえ、必ずしも深遠なる意味内容が理解されたかどうかは別にしても、墓石や位牌に限らず、ネクタイやTシャツのデザインにも、不思議な世界を暗示する梵字の姿が認められる今日この頃である。

文化としての密教は、このほか書道、芸能などにも大きな影響を与えている。われわれは、常に「見えるもの」「聞こえるもの」の中で生活しているわけであって、この点、感覚などの表現を有効に利用しようとする密教は、まさに日本文化の地下水的な存在である。

密教のほとけたち

難しい（?）密教のほとけ

昭和五十九年、弘法大師空海の千百五十年の御遠忌《ごおんき》法要《ほうよう》とそれにともなう数々のイベントが日本全国で華々しく行なわれた。高野山や東寺や善通寺などの空海ゆかりの寺々では、全国から何万人、何百万人もの熱心な信者が集まり、寺々は線香の煙と途切れなく続く御詠歌のひびきでにぎわったことを記憶している。

また、弘法大師を偲んで、巡礼者たちによって開かれた四国八十八ヵ所の霊場も、白衣装《びゃくえ》束の多くの「お遍路さん」でにぎわった。私も四国の出身なので、先代の父住職の頃から、毎年欠かさず団体をつれて四国遍路のお参りをしているが、その年は、春先など各札所の寺々は大変な混雑で、『般若心経《はんにゃしんぎょう》』のお経を唱えるのも、他の団体と競争のようだった。

その時、真言宗の各本山の連合組織である、真言宗各派総大本山会などが中心になって、全国の主な都市で、真言密教にかかわる国宝や重要文化財などの、すぐれた密教美術品を一堂に集めた「弘法大師と密教美術展」が開催された。壮大な曼荼羅図や華麗な仏画、さらには通常人びとの眼に触れることのない密教法具など、幅広く、しかも奥の深い密教美術に関心を持つ人びとで美術館・博物館には長い行列もできた。

しかし、その中にあって、私は大変考えさせられる会話を、ふと聞くともなしに聞いてしまったのである。

ある日、私がちょうど見学を終えて博物館から出てきた時、そこを通りかかった二人の旅行者らしい中年の女性の会話が聞こえてきた。

A「まあ、密教美術展って何かおもしろそうね。一度入ってみません?」

B「でも、密教って私たちのように知識のないものにはよくわからないでしょう。やめておきましょうよ」

この会話は、一般の人びとが密教に対して抱いているひそかな期待とともに、一種ためらいの気持ちを正直に言い表している。

とくに、Bの女性の言った「よくわからない」「知識が必要」という要素は、密教のほとけたちについて、最も適切にあてはまるようだ。つまり、「浄土」や「お念仏」の信仰では、阿弥陀《あみだ》如来が、また「南無妙法蓮華経」や「坐禅」では、釈迦如来がまさにすべてといえるが、密教では、実に多くのほとけたちがマンダラに登場してくる。だから、それだけでもう「大変だ」「わからない」といわれるのも、もっともかもしれない。

それでは、なぜ密教には数多くのほとけたちが登場するのであろうか。

その原因をさぐるために、もう一度「ほとけの歴史」という立場から、密教の流れをたどってみよう。

ほとけたちのヒストリー

釈尊から始まる初期の仏教では、教理的中心は、さとりを開いた仏陀釈尊と、その前段階にあたる菩薩悉達《しつだ》太子（幼名シッダールタ）であった。これに付属するものとして、インド民間の精霊的存在である薬叉《やくしゃ》などが、仏教のボディガードとして釈尊の象徴的存在である仏塔などを守護していた。

もっとも、美術表現から見れば、釈尊在世当時はもちろん、そののち二、三百年にわたって仏陀釈尊の具体的な姿を表すことはなく、その存在を、法輪《ほうりん》や菩提樹《ぼだいじゅ》や仏足石《ぶっそくせき》など、釈尊の内実や生涯を象徴するもので表現してきた。

大乗仏教になると、その思想的展開とともに、新しいほとけが多数現れてくることとなった。その代表が「菩薩《ぼさつ》」という存在である。菩薩という言葉は、すでに初期仏教の頃から使われていたが、それはさとりを開く以前の釈迦をさす場合に限られていた。ところが、大乗仏教では、「さとりを求めて努力する存在」としての菩薩が普遍化され、仏・如来に劣らぬ位置を占めるとともに、菩薩もそれぞれ固有の働きを持つようになったのである。

たとえば、災難を救済する慈悲のほとけ観音菩薩、言葉の熟達者から出発して知恵のほとけとなった文殊《もんじゅ》菩薩、おそらくインド以外のより西方からそのイメージが輸入されたと考えられる未来の救世主たる弥勒《みろく》菩薩はその代表格である。

菩薩の展開とともに、大乗仏教では、仏・如来にも新しい要素が生じてきた。先述のように、初期仏教では、仏・如来といえば釈迦如来がほぼすべてを占め、のちに至ってその前身にあたる過去七仏が要請されたにすぎなかった。ところが大乗仏教になると、仏陀に対する理解にも、その歴史的存在を強調した「化身《けしん》」、歴史性よりもさとられた真理の当体を人格化して仏身《ぶっしん》と見る「法身《ほっしん》」、両者の中間的役割を持ち、修行を積んだものに果報として現れてくる「報身《ほうじん》」という三種の仏身観（仏に対する見方）が構築されることとなる。

さらに加えて、仏・如来の空間的広がりともいうべき多仏思想が発達して、釈迦如来以外にも多くの如来がそれぞれの世界で法を説き、衆生を教化していると考えるようになる。

この両系統の思想の影響を受けて、大乗仏教では、西方極楽浄土の教主阿弥陀《あみだ》如来、東方浄瑠璃《じょうるり》国に住み、人びとの願いをかなえる薬師《やくし》如来、姿や形を超越した絶対真理を具象化した『華厳経《けごんきょう》』の毘盧遮那《びるしゃな》如来などニュータイプの如来たちが、それぞれ人びとの熱烈な信仰を集めることになる。

大乗仏教が成立して約五百年が経過した四、五世紀の頃になると、インドにおいて古来の祭祀儀礼を基本とするバラモン教が、新たにシヴァ神やヴィシュヌ神の信仰や民間の習俗をも総合したヒンドゥー教として復興してきた。もう少し正確にいうと、大乗仏教そのものの中にもヒンドゥー教の要素と共通する部分が認められるが、やはり密接な並行関係があるのは密教である。

このヒンドゥー教の確立とほぼ時期を同じくして、仏教の中にも聖俗一致を旗印とし、呪術的・儀礼的要素の濃い新しい動きが生じてきた。これを「密教」と総称していることは、すでに述べてきたとおりである。

密教のほとけたち

そこで、次に密教のほとけたちの内容と特徴を要約してみたい。

広義の密教のほとけたちには、大別して以下のような性格の異なる四つのグループがある。

1　大乗仏教のほとけをそのまま継承したもの
2　大乗仏教のほとけに新しい密教的意味を与えたもの
3　ヒンドゥー教の神をそのまま導入したもの
4　密教独自のほとけといえるもの

このうち、大乗仏教のほとけを継承したものとしては、治病のほとけ薬師如来がある。十二の本願を持つ薬師如来は、成立当初から非常に現世利益《げんぜりやく》的性格が顕著で、その点密教と近い距離にあったといえる。もっとも、その親近性が災いしてか、金剛界・胎蔵界の両部・両界マンダラ中に薬師如来の姿を見出すことはできない。

次に、大乗仏教のほとけに新しい密教的意味を与えた例は少なくない。たとえば、阿弥陀如来は、金剛界・胎蔵界いずれのマンダラにも登場するが、そこでは極楽浄土のほとけではなく、金剛界マンダラでは如来の知恵をつかさどる働きを担当している。

また、密教的完成度の高い金剛界マンダラでは、従来の観音・文殊・虚空蔵《こくうぞう》などの菩薩が、それぞれ金剛法《こんごうほう》・金剛利《こんごうり》・金剛宝《こんごうほう》という新しい名称のほとけとして再登場してくる。

第三のヒンドゥー教系のほとけグループは、いわゆる「天部」のほとけたちが主流を占めている。天部のほとけたちは、大黒天《だいこくてん》、弁才天《べんざいてん》、吉祥天《きっしょうてん》、聖天《しょうてん》など大部分がヒンドゥー教の神々であり、仏教のパンテオン（万神殿）にスカウトされ、主に仏教とそれを信仰する人びとを守る護法と、人びとのさまざまな願望を直接的にかなえる現世利益のほとけとして、いまも人びとの根強い信仰を集めている。

第四の密教独自のほとけのグループとしては、『大日経《だいにちきょう》』『金剛頂《こんごうちょう》経《きょう》』『理趣経《りしゅきょう》』などの本尊となる大日（毘盧遮那《びるしゃな》）如来、大日如来と密接な関連を持ちつつ、密教的菩薩の代表とされる金剛薩埵《こんごうさつた》がまず念頭に浮かぶ。大日如来の原形である毘盧遮那如来は、すでに『華厳経』などに説かれているが、マンダラ全体としての象徴的な摩訶《まか》毘盧遮那、およびマンダラ中に具体的に姿を現した場合の中尊としての毘盧遮那如来は、まさに密教のほとけである。なお、「大日如来」という意義深い訳語は、『大日経』漢訳の補佐役であった一行《いちぎょう》禅師の発案と思われる。

また、不《ふ》動《どう》明王、降三世《ごうざんぜ》明王、孔雀《くじゃく》明王などの「明王《みょうおう》」と呼ばれる一群のほとけたちは、ほとけの怒りを積極的に活かすという密教的発想と役割において成立したものであって、そ

金剛界五仏は、大日（毘盧遮那）如来を中心に、阿閦・宝生・阿弥陀・不空成就の五尊が定方位に配置される。「金剛界五仏像」（高野山金剛三昧院蔵）

れ以前の仏教には見られない。

そのほか、四波羅蜜《しはらみつ》・八供養《はちくよう》・四摂《ししょう》という金剛界マンダラ独特の菩薩たちも、供養や護法の意味を象徴した密教特有のほとけといえるであろう。

主なほとけの働きと功徳

マンダラに登場するほとけたちを歴史上に登場した順に紹介すると、先のようになったが、それぞれのほとけたちは、おのおの独自の働きと功徳を持っており、さまざまな人びとによって盛んに信仰されている。

たとえば、病気になった時には、薬師如来や観音菩薩に手を合わせる。商売繁盛や開運厄除《やくよ》けには、聖天や毘沙門天などの天部のほとけが抜群の人気を集めている。知恵を増進し、入試の難関を突破するには、文殊菩薩や虚空蔵菩薩のような穏やかなインテリのほとけが活躍する。一方、愛情の問題、たとえば片思いを実らせたり、幸せな結婚を求める時には、愛染《あいぜん》明王などのエロスに満ちたほとけが登場する。

まさに、人びとの望みの数だけ、ほとけの数もあるといっても不思議ではない。

数多くあるほとけたちを、仏教の歴史を考慮に入れて大別すると、

1　すでにさとりを開いた如来・仏

2　現在、まだ修行中で、如来見習いともいうべき菩薩

3　強い力によって、悪しきものからわれわれを守ってくれる明王（知恵の呪力の王者）

4　そしてヒンドゥー教というインドの民族宗教からスカウトされ、人びとを守るとともに、財宝を恵むなどの現世利益の働きを持つ天部のほとけたち

の四種類がある。

次に、それらの中で、われわれが日頃親しく拝んでいるほとけたちの履歴とその働きを、簡単にスケッチしてみたい。

仏教のほとけの中心は、やはりさとりを開いた如来《にょらい》（真理に到達したもの）である。仏（覚者）といっても同じ意味である。その代表は、歴史上に現れた唯一の如来である釈迦如来で、東南アジアの仏教国をはじめ、わが国でも、禅宗・日蓮宗などでは、本尊として崇め

られている。

　ところが、浄土門の教えになると、極楽浄土にわれわれを導いてくださる阿弥陀如来が、むしろ中心となる。阿弥陀如来は、観音・勢至《せいし》という二人の菩薩を脇に従え、亡くなった方を迎えにくる。これを来迎《らいごう》といい、雲にのったり、山の向こうから現れる姿を描いた来迎図が知られている。

　来迎の阿弥陀如来は、親指と人差し指を合わせた両手のうち、右手を胸の前に立て、左手を垂らすポーズをとる。これを来迎印と呼ぶ。とくに浄土真宗のお宅の仏壇では、立像の来迎阿弥陀如来をまつるが、阿弥陀如来の前身である法蔵《ほうぞう》菩薩が立てた四十八の誓い（四十八本願）を表すために、頭の後ろから四十八の光の線が放射されている。

密教仏の中心は大日如来。金剛界大日如来（御室版）

　一方、この身のままでの成仏を主張する密教では、真理の当体を表す宇宙的なほとけ大日如来を立てる。如来の中の王者であるため、通常の如来では用いない宝冠や装身具を身につけ、マンダラの中心に位置している。最近では、古代ペルシャのゾロアスター教の光明神アフラ・マズダーとの近親関係が指摘されている。

もう一尊、忘れることができないのが、薬師如来である。十二の願い（十二神将《じゅうにしんしょう》の根拠）を立て、人びとを救うことを誓ったが、その名称から、とくに病気治癒のほとけとなった。密教以前のほとけなので、延暦寺《えんりゃくじ》、東寺、薬師寺など京都、奈良の古い大寺の本尊となっていることが多い。

如来は、確かにありがたいが、人間風にいえば、功なり、名をとげた存在である。ところが、まだ汗水たらして励んでいる菩薩《ぼさつ》は、いわば未完成のほとけだが、それだけわれわれに近い。また、その働きも一つの特性に限っていることが多い。修行者の姿を表現するために、古代インドの若者の服装をとることが少なくない。

数ある菩薩の中で、筆頭は、やはり観音《かんのん》菩薩であろう。阿弥陀如来や大日如来とともに西方起源説が唱えられるが、それはともかく、『観音経《かんのんぎょう》』（『法華経《ほけきょう》』の「普門品《ふもんぼん》」）に数々の災難からの救済が説かれるように、古くから仏教を信じる者を救うほとけとして、インド・中国・チベット・日本を問わず、至るところで絶大な信仰を集めてきた。なお、あまりにも人びとの要求が多いために、のちには、十一面《じゅういちめん》・千手《せんじゅ》・如意輪《にょいりん》・不空羂索《ふくうけんじゃく》・馬頭《ばとう》などの多面多臂《ためんたひ》の変化観音《へんげかんのん》まで生み出したのである。観音菩薩は、起源的には女性的要素を含むため、最も女性的な菩薩として有名であり、三十三変化身という教義が、三十三観音・三十三所観音霊場という信仰につながっていったことも容易に理解できる。

菩薩のナンバー2は、地蔵《じぞう》菩薩である。このほとけの起源も不明な点が少なくないが、「大地」というイメージから、⑴財宝のほとけと、⑵地獄救済《じごくきゅうさい》のほとけの二面があったが、中国と日本では、地獄からわれわれを救うという信仰が受容され、六地蔵《ろくじぞう》信仰などを生み出した。この地蔵菩薩のみが、比丘《び く》形という頭の丸い姿をとることによって、室町時代頃からは、『地蔵和讃《じぞうわさん》』に説かれる賽《さい》の河原で子供たちを救う地蔵の話が普及し、近世から具体的に流行した地蔵盆《じぞうぼん》とも混合して、いつしか子供のほとけという特異な役割を与えられた。

なお、交通事故の犠牲者の冥福を祈る地蔵尊像のように、このほとけには、「あの世」的性格が強いが、他方では、「身代り地蔵」「汗かき地蔵」「笠地蔵」などさまざまな利益を与える民話が全国に散在しており、「この世」性も多分に有している万能のほとけである。

観音・地蔵の人気に比べると、やや地味なのは、知恵の文殊《もんじゅ》菩薩である。いつの世でも知的なものは、庶民にはやや敬遠される嫌いがある。それでも、剣と経典を持って無知を打ち破る文殊は、天橋立などを中心に隠れた信仰を集めている。

明王《みょうおう》は、生粋の密教のほとけである。如来や菩薩と違い、恐ろしそうな姿をとるが、これは、悪しきものの侵入を防ぐとともに、われわれの心の内外の過ちを叱っているのである。

明王の代表は、不動《ふどう》明王である。このほとけは、大日如来の化身で、剣と羂索《けんじゃく》（縄）で外敵を威嚇している。不動の金縛《かなしば》りという場面も歌舞伎で親しまれている。母性的な観音に対し

忿怒尊の代表格は明王。胎蔵界の不動明王（御室版）

て、父性的なほとけの第一人者である。近年では、成田山の交通安全の御札に象徴されるごとく、厄難除《やくなんよ》けに活躍している。大峯山《おおみねさん》など修験道《しゅげんどう》でも篤く信仰されている。

明王の中でもう一尊、あまり表面に出ないが、通《つう》の人に人気があるのが愛染《あいぜん》明王である。姿としては、身体の色が赤く、六本の手には、弓、矢、金剛杵、金剛鈴などを持って、恐ろしそうなほとけであることは事実である。けれども、「愛」という名前からも興味をそそられるように、ギリシャ・ローマ神話の愛の神エロス、あるいはキューピッドと関係があるということや、「愛染かつら」などのロマンティックな物語と相まって、愛情や恩顧（目上の人の引き立て）をつかさどるほとけとして女性の信仰も多いようである。

最後に、天部のほとけも数多いが、代表的な毘沙門天・大黒天・弁才天・聖天を取り上げると、いずれも共通した性格を有している。すなわち、古代インド以来、これらのほとけは、人びとに財宝を恵む神々であった。加持祈禱《かじきとう》の専門家の中でも、天部のほとけが最も御利益が多いという点では意見が一致する。もっとも、注意しなければならないのは、威力があるだけに、一つ間違って粗末に扱えば大変だ。寺院でも、天部のほとけには、別の堂を設けることが少なくない。

そのため、すべてのほとけが登場する胎蔵界マンダラでも、聖天や大黒天などの神々は、最外院《さいげいん》といわれる外側のブロックで仏教の世界を守るとともに、さまざまの有益な仕事をこなしている。

絢爛たる造形

密教美術の特色

複雑な展開をとげて成立した密教、とくにわが国の真言・天台の両宗によって代表される密教の美術では、釈尊中心の初期仏教美術、および自利利他《じりりた》（みずからさとり、他をさとらせること）を求める菩薩に力点を置きつつ、阿弥陀如来や観音菩薩などに救われるという救済的色彩を強めた大乗仏教美術とは異なった新たな特色を認めることができる。そのうち、いくつかの特徴点を列挙しておきたいと思う。

第一に、密教が、従来の仏教と比較して、多くの点で新しい要素を内包している結果、(1)大日如来《だいにちにょらい》、(2)金剛薩埵《こんごうさった》、(3)明王《みょうおう》グループ、(4)金剛界《こんごうかい》マンダラ系尊格グループなどの新たなタイプのほとけたちが登場してくることである。

大日如来は、密教のさとりの世界を、金剛薩埵は、密教の修行そのものをそれぞれ象徴的に表現したものである。如来の代表である大日如来に対し、金剛薩埵は金剛界マンダラにおいて菩薩を代表し、次に大日如来に昇格するものとして修行者全体を示す貴重な存在となっている。思想や実践をも尊格化し、視覚化することも、密教に顕著な傾向である。

密教美術の第二の特色として、そのダイナミックな象徴性をあげることができる。密教では燃えさかる煩悩の火を消し去り、寂静の境地に安らぎの心を得ようとするものではなく、むしろ密教の基本概念ともいうべき「われわれはほとけにほかならない」という大前提に立って、われわれの潜在的な可能性をフルに開発し、ほとけの境地を体得しようとするのである。

それゆえ、ほとけの姿・形についても、一面二臂（一つの顔と二本の手）の人間的表現に固執するよりは、たとえ顔や手足が数多い多面多臂の人間離れした姿ではあっても、それによって象徴される相手を打ち倒す力やものを生み出す生産性などの性格が有効に表現されることに意義がある。怒りの表情を示した忿怒像は、精神の安らぎを与えるよりも、悪しき要素を打ち破るという行為を象徴する点で、まさに効果あるものである。密教特有の明王グループの意義は実にこの点にあるといえよう。

第三の特色として、マンダラ的表現があげられる。密教は、聖なる世界の実現を希求するものであるから、聖域空間を現出するマンダラは、まさに理想的な表現形態である。とりわけマンダラでは、聖域を守る護法尊や聖なるものに供養を捧げる供養尊が重要な役割を果たすので、金剛界マンダラでは護法の四摂《ししょう》菩薩や供養を尊格化した八供養《はちくよう》菩薩のウエイトが増大することになる。同一の次元において、性格や働きの異なるいくつかのグループが併存できるのも、マンダラならではである。

第四は、官能性など人間の生《なま》の感覚が肯定される。美しいものは美しいのであって、それを汚れにまみれた存在であると、意識的な不浄観で否定する必要はない。密教の根本命題によれば、聖と俗の世界は必ず接続しているのであり、それを現象的な面からつなぐ身体存在は、決して無意味なものではない。密教美術にしばしばうかがわれる豊かな肉身は、現実の肉体に象徴的に表れている生命の讃歌といえよう。

最後に、仏眼仏母や四波羅蜜菩薩など、女尊の大幅な進出をあげておかねばならない。ダイナミズムの強調、生命的官能性の肯定は、女尊の地位の上昇と必然的にかかわっている。女性の生産のエネルギーは、古来、宗教思想の重要な一翼を担っている。男性は協力することはできても、決して出産することはできない。仏像やマンダラに見られる蓮弁も、同じ発想に基づくものである。とくに、インドには、古くから女神崇拝の伝統があり、密教は、それらを積極的にわがものとしたのである。

なお、生産を象徴する女尊を積極的に導入したことは、当然ながら性の要素を肯定し、それを重要視することにほかならない。ほとけの結婚は、ここに初めて不可欠の存在とされることとなり、以後いわゆる歓喜仏《かんぎぶつ》が多く見られるようになる。ほとけであっても、独身でいるよりも妻帯しているほうが説得力があり、安心感があると見えたのであろうか。

密教美術のジャンル

大胆な発想の転換、新規の要素の導入などを経て成立した密教は、造形美術のうえでも豊富な内容を持っている。広大な内容を誇る密教美術をすべて網羅することは困難であるので、代表的なジャンルを仮に掲げてみると、次のようになろう。

1　絵画
2　彫刻
3　法具

このほか、密教美術の中心にあたるマンダラ（曼荼羅）があることはもちろんである。しかしマンダラに関しては、のちに詳しく紹介するので、ここでは取り上げない。また多数の密教尊像の姿・形を表現した図像を集成し、整理した『図像抄《ずぞうしょう》』や『別尊雑記《べつそんざつき》』などの密教図像も、密教の実践のうえで不可欠である。さらに、空海・最澄に代表される書跡、あるいは多様な内容を誇る密教経典、密教行法のテキストにあたる儀軌《ぎき》・次第《しだい》、密教の戸籍ともいえる血脈《けちみやく》などからなる文書類がある。また、比較的地味であるが、経箱や厨子《ずし》などの工芸品などもあるが、これらは、どちらかというと仏教一般に通じるものが多いので、ここでは省略することとしたい。

華麗なる密教絵画

空海が中国から帰朝した直後に上表した『請来目録《しょうらいもくろく》』に、

　蜜蔵（密教）深玄（奥が深い）にして翰墨《かんぼく》（ふでとすみ）に載せがたし。さらに図画を仮りて悟らざるに開示す

と記しているように、密教美術のうえで、絵画、すなわち仏画の占める位置はまことに大きいといわねばならない。仏画は、西洋の美術絵画とは異なって、画家みずからの表現意欲でもって描き表すのではなく、自分の宗教的な世界を可視的に指し示すものである。

　こうした絵画の中には、本尊である華麗な大日如来図や千手観音・如意輪観音などの菩薩図も見受けられるが、とりわけ密教色が強いのが、

1　祖師図《そしず》

2　忿怒尊図《ふんぬそんず》
3　十二天図《じゅうにてんず》

という三種の絵画である。

このうち、まず祖師図についていえば、密教では聖俗一致の直接体験をその基盤とするので、さとりの先行体験者であり、指導者である祖師をとくに重視する。この点は禅の考えに近い。空海も帰国に際して、師の恵果和尚から、

(1)　金剛智阿闍梨影《えい》　一鋪《いっぽ》
(2)　善無畏三蔵影　一鋪
(3)　大広智阿闍梨影　一鋪
(4)　一行禅師影　一鋪
(5)　青龍寺恵果阿闍梨影　一鋪

という計五幅の祖師図を授かっている。なお、影《えい》とは、御影《みえい》、すなわち肖像画のことで、「一鋪《いっぽ》」とは、布製仏画の数え方の単位である。

空海自身の『請来目録』によれば、これらは当時の宮廷画家の李真《りしん》などの筆になるものであり、唐代の優美な画風をうかがうことができる。なお、空海は、帰国の十五年後の弘仁十二年（八二一）、両部マンダラを新しく描かせる際に、神話的な祖師である龍猛《りゅうみょう》菩薩と龍智《りゅうち》菩薩の真影もあわせて制作させている。

これによって、密教の宗教的存在である大日如来と金剛薩埵、神話的存在である龍猛と龍智、そして歴史的伝法者である金剛智・不空（大広智）・善無畏・一行・恵果が一つの流れ（血脈）で結ばれることになったのであり、順序が完成した龍猛菩薩影以下の七幅は、いずれも国宝に指定され、いまでも東寺に伝えられている。

七祖に空海像を加えたものが八祖図であり、醍醐寺の五重塔内の板絵を初例として、京都・神護寺《じんごじ》、兵庫・浄土寺《じょうどじ》などに鎌倉期のものが遺存している。このような八祖図は、真言密教の場合、聖なる大日如来の世界とわれわれを、弘法大師を通して結ぶ必要不可欠の法具と考えられ、現在でも引き続き制作され、密教寺院の本堂に奉安されている。

明王という存在が密教独自のものであることから、密教絵画でも悪しきものを降伏する忿怒尊が重要な役割を果たしている。愛染《あいぜん》明王や孔雀《くじゃく》明王を含めて数ある忿怒明王の中でも、われわれに最も親しいのは不動明王である。その理由は、なかなか教えに従わないものを慈悲の立場から説き伏せる教令輪身《きょうりょうりんじん》（教えを伝達する存在）の働きを不動明王が、主に果たしているからである。

不動明王の画像には、単独像と、降三世《ごうざんぜ》・大威徳《だいいとく》などの明王と一つのグループを形成する五大明王像とに大別される。

単独像には、すぐれた美術品が少なくないが、以下の三点が、世にいう三不動として知られている。

(1) 黄不動尊図（滋賀・園城寺蔵）
(2) 青不動尊図（京都・青蓮院蔵）
(3) 赤不動尊図（和歌山・高野山明王院蔵）

これら三不動のうち、時代的に最もさかのぼるのが、智証大師円珍の感得《かんとく》（ほとけを直接に拝すること）と伝えられる黄不動尊図（国宝）である。同像は、図像の表現を規定する儀軌の記述に従わず、肩から下げるたすきのような条帛《じょうはく》をつけずに虚空に立っている。これは、空中から出現したことを示すものであろう。円珍ゆかりの像として、京都・曼殊院《まんしゅいん》本（国宝）などすぐれた模写・模刻が少なくない。

第二の青不動尊図（国宝）は、名称の示すように、その身体が青色に塗られている。中尊の不動明王は、大きな岩を表した盤石《ばんじゃく》上に坐し、背後に古代インドの神秘的な鳥である金翅《こんじ》鳥《ちょう》をかたどった見事な迦楼羅炎《かるらえん》を背負う。左右には、侍者の役割を持つ矜羯羅《こんがら》と制吒迦《せいたか》の二童子を従えている。

第三の赤不動尊図（重文）は、年代的には少し下がり、鎌倉時代に入るかといわれている。不動明王は、岩上に斜め向きに坐り、右下隅に二人の童子が重ねて描かれている。また、左画面に描かれる龍の巻きついた大きな剣や踏み下した足など、バランスよく表現されており、絵画表現が次第に自由になってきた時代風潮を反映している。

単独尊でも強力である不動明王に、さらに降三世・軍荼利《ぐんだり》・大威徳・金剛夜叉《こんごうやしゃ》の四体の明王を加えたのが五大明王である。これらは、国家・国土の平和安穏を祈る『仁王経《にんのうぎょう》』に説かれるが、同経には新・旧二種の翻訳があり、旧訳《くやく》に登場する金剛吼《こんごうく》菩薩以下の五大力菩薩が、新訳《しんやく》では五大明王にかわっている。これらの五大明王は、強力な祈禱《きとう》法である五壇法（五つの壇を用いる修法）のほとけとして藤原道長など王朝貴族の尊崇を集めたことは、『源氏物語』などの記述からも明らかなところである。

五大明王の美術としては、宮中で国家の安泰を祈願して行なわれた後七日御修法《ごしちにちみしゅほう》に用いられた平安時代の五大尊像（国宝、京都・東寺蔵）のほか、京都・醍醐寺には鎌倉時代の優品（国宝）が伝わっている。

また、天台宗では、第五にあたる金剛夜叉明王のかわりに烏枢沙摩《うすさま》明王という別の忿怒明王を立てる。天台宗の五大尊像としては、岐阜の来振寺《きぶりじ》に伝わる例（国宝）が平安時代特有の優美さを秘めた名品である。

十二天図は、胎蔵界マンダラの最外院で密教の聖なる空間を守る帝釈天、火天、水天などの天部たちを十二尊まとめたもので、平安密教の国家的修法や本山での灌頂の作法の中で用いられた。京都国立博物館や奈良県・西大寺に国宝の遺品を伝えている。

密教の彫刻

彫刻においても、密教は豊富な内容を誇っているが、ここでは密教特有の大日如来像、五大虚空蔵《こくうぞう》菩薩像、および変化観音の代表である如意輪《によいりん》観音像を取り上げておきたい。

密教如来像の中心は、やはり大日如来像である。とくに『金剛頂経』で大日如来のシンボル（三昧耶形《さんまやぎょう》）に仏塔をあてる説があることから、密教寺院の重層宝塔（五重塔・多宝塔など）では、本尊として金剛界、もしくは胎蔵界の大日如来像を安置することが多い。

遺品としては、高野山西塔《さいとう》安置の五仏の中尊としての金剛界大日如来像（重文）が、重々しい体軀に目や唇を強調した面相など、東寺講堂の諸像とつながる傾向が看取され、九世紀後半の作と考えられている。このほか兵庫・中山寺《なかやまでら》などに平安時代後期作の金剛界大日如来像（重文）が伝えられている。

また、阿閦《あしゆく》などの四仏が加わって五体となった金剛界五仏、すなわち五智如来の例としては、京都・安祥寺《あんじようじ》の五仏像（重文、京都国立博物館に寄託）が平安時代の代表作である。高野山の金剛三昧院《こんごうさんまいいん》の多宝塔の金剛界五仏像（重文）も、北条家ゆかりの鎌倉初期のりりしい像である。

虚空蔵菩薩を五体集成した五大虚空蔵菩薩も、密教独特の尊格グループであり、「五」という数からも察せられるように、密教の中心的座標軸である金剛界五仏の影響を受けている。これらの虚空蔵菩薩は、財宝を与えるほとけとして、さらに途中からは、天災地異を鎮めるほとけとして、密教では格別の信仰を集めた。

代表的な作例は、京都・神護寺《じんごじ》蔵の五大虚空蔵菩薩像（国宝）である。これらは、いずれもヒノキの一木《いちぼく》造りで、丸みのあるふくよかな肉身部、やわらかく隆起する衣の表現など、大阪・観心寺《かんしんじ》の如意輪観音像とともに、初期真言密教系彫像に共通する特徴を表している。

また、中国から伝わったものであるが、東寺の子院である観智院《かんちいん》の五大虚空蔵菩薩像（重文）は、獅子や馬などの動物に乗っている。その引きしまった身体は、唐代の後半に流行した様式であり、中国密教の貴重な遺品である。

観音菩薩が、人間を超えた多面多臂の姿をとる変化観音の中に、如意輪観音がある。法輪（真理の輪）と如意宝珠《にょいほうじゅ》（意のままに欲するものを生み出し、あらゆる苦しみを取り除く宝の珠）の功徳を尊格化した同観音には、二臂像と六臂像の二種があるが、平安時代には主に六臂像が流行した。

六臂如意輪観音像では、観心寺（大阪府）の像を最初にあげねばなるまい。同寺は、空海の高弟のひとり実恵《じちえ》の開基と伝えるが、後醍醐《ごだいご》天皇の建武《けんむ》の新政の時に増建された。

秘仏の如意輪観音像（国宝）は、量感に富んだ豊かな肉づけをみせる。カヤの一木彫成で、六臂と脚部の一部を別材で接《は》ぎつけたあと、厚めの漆を盛って細部の造形をほどこしている。豊満な肉身表現と見事な彩色は、インドの像を想像させるほどの官能性によって同像の価値を高めている。

如意輪観音像には、ほかに同観音と縁の深い醍醐寺をはじめ、奈良県室生《むろう》村・室生寺、兵庫県西宮市・神呪寺《かんのうじ》などに平安時代中・後期の作例（いずれも重文）が遺存している。

インドの官能性を持つほとけ。「如意輪観音像」（観心寺蔵）

密教美術としての彫像は、まさに膨大な量に及び、その一端を紹介したにすぎない。いずれにしても、ほとけたちの持つ誓いと力を、いかに有効に表現するかが、その最大の関心事であったといえる。

密教法具の意義

密教では修行を不可欠とする関係上、密教修法に用いる法具（仏具）、つまり密教法具が大きな意味を持つ。ここでは、密教法具の眼目となる金剛杵《こんごうしょ》と金剛鈴《こんごうれい》などを中心に概要を記しておきたい。

古代インドの武器であり、金剛薩埵、帝釈天《たいしゃくてん》、弘法大師などの像がその持ち物とする金剛杵は、中央に把《は》（持ち手）があり、その上下に対称的に鈷《こ》（きっさき）をつけているが、その先端の形態によって、(1)独鈷杵《とっこしょ》、(2)三鈷杵、(3)五鈷杵、(4)九鈷杵、(5)宝珠杵、(6)塔杵に分類される。しかし基本となるのは五鈷杵で、五鈷は金剛界五仏・五智を象徴する。空海が唐より請来したと伝えるもの（国宝、東寺蔵）をはじめ、舶来、国産を含めて優品が伝わっている。

金剛杵と対になる金剛鈴は、金剛杵と鈴が結合したもので、鈴の柄にあたる金剛杵の部分の形態に従って、独鈷鈴、三鈷鈴、五鈷鈴などに細分されるが、基本となるのはやはり五鈷鈴である。

金剛盤上の金剛杵と金剛鈴（奈良県　西大寺蔵）

次に鈴身に目をやると、紐飾《ひもかざ》りをめぐらすだけのものが大部分を占め、それを素文鈴《そもんれい》と呼んでいるが、それ以外に、鈴の胴体部の側面に五大明王や四天王などの仏像、宝珠や蓮華などの三昧耶形《さんまやぎょう》を鋳出した例も少なくない。金剛鈴は、快い音をほとけに供養するのみならず、われわれの持っているはずの仏性を目覚めさせる働きを持つという。

これらの金剛杵と金剛鈴をみずからの身につけて修行する行者は、そのまま密教の代表的な菩薩である金剛薩埵となって、大日如来の境地に至ることになるのである。

その他の密教法具

密教法具の中心が金剛杵と金剛鈴であることは、チベットなどで僧侶が携帯していることからも明らかであるが、そのほかにもいくつかの重要な法具がある。

まず、金剛盤《こんごうばん》は五鈷鈴と五鈷杵・三鈷杵・独鈷杵を安置する金属製の台である。盤の形状はやや幅広い三角形の板で、縁に沿って四つ葉形をつくり、盤の下に獣脚《けものあし》と呼ぶ低い三脚をつけている。種類としては、最も古様の大師請来《だいししょうらい》形と呼ぶもの、通常の素文《そもん》式のもの、鈴を置くために盤上に鈴座を持つものの三種がある。

なかでも、東寺に伝来する唐代の金剛盤は、盤面に輪宝《りんぽう》と金剛杵の三昧耶形を線刻してあり、重厚な造りで、金剛鈴や金剛杵とセットになった法具類であったと推定される。

次に、羯磨《かつま》（杵《しょ》）は、羯磨金剛・十字金剛とも呼ばれ、修法の際に大壇の四隅に安置して、四方面に対して修法の成就を保証するための法具である。三鈷杵を十字に組み合わせたかたちをとるが、中央の轂《こく》の部分の形に従って、蓮弁式羯磨と菊弁式羯磨に大別される。著名な遺品としては、東寺に伝わる羯磨四口一具が、空海請来品の古制を伝えた平安時代の作とされている。

さらに、修法の壇上に、火舎《かしゃ》（香炉の一種）を中央にして左右に三器ずつ並べる金属製の小鋺を六器《ろっき》と呼んでいる。具体的内容は、内側より順に、閼伽《あか》（水）・塗香《ずこう》（香）・華鬘《けまん》（花）であり、六器を荘厳することを香華《こうけ》という。

六器の形式には、金銅鋳製で装飾をほどこさない素文（文様なし）のものが主流で、そのほかに側面に八葉の蓮弁を刻出した蓮弁飾六器や、宝相華《ほうそうげ》（牡丹《ぼたん》などのモチーフを組み合わせた空想上の花文）を表した宝相華飾六器もある。

現在、わが国の密教寺院で用いられる大壇などの修法壇は、原語でいえば「マンダラ」にあたる。インドでは、修法は原則として地面そのもの、もしくは土壇をつくってその上でするものであった。しかし、風土的・文化的な相違から、中国では半永久的な木壇を使用することとなり、その習慣が日本でも定着している。

修法壇の基本となるのは、正方形の大曼荼羅壇で、これを略して大壇と呼んでいる。大壇にも具体的な形式によって、華形壇《けぎょうだん》、箱壇、牙形壇《げぎょうだん》の三種があり、四方の側面に蓮弁の彫刻をめぐらした華形壇が最も正式な大壇である。代表例として、和歌山・高野山金剛峯寺のもの（鎌倉時代）が知られている。

このほかにも、金剛橛《こんごうけつ》・輪宝・香炉などの狭義の密教法具に加えて、空海請来の遺品が直接伝わっている念珠や袈裟《けさ》などがあり、それらを神秘的に用いて、諸仏を出現させ、それらに供養する密教修法が厳かに行なわれるのである。

Ⅳ　マンダラとは何か

マンダラとは

市民権を得たマンダラ

マンダラという言葉を最近見たり聞いたりすることが多い。少しさかのぼれば、作家の佐藤春夫氏には、与謝野《よさの》晶子《あきこ》の生涯を描いた『晶子曼陀羅』という作品があった。昭和四十五年に大阪の千里丘陵で開かれた大阪万国博覧会では、「人類の進歩と調和」という大会のテーマの後半部、すなわち「調和」について、マンダラの精神が盛んに力説されたことを記憶している。また、週刊誌や月刊誌に、「〇〇曼荼羅」というタイトルのシリーズ企画が設けられることも少なくない。さらに、二十世紀の前半より、心理学者のC・G・ユングなどが深層心理解明の手段の一つとして、東洋思想、とくにマンダラの概念を有効に利用したことは、よく知られている。

私の場合も、伝統的なマンダラの専門家ということで全国の方々から新しいマンダラのアイデアを知らせていただいた。その中でも非常にユニークで、しかも教えられる点が多かったのは、高速道路網の建設とその渋滞解消にマンダラの知恵が生かせないかという意見と、都市工学や歴史地理学など人間の居住の営みの中にマンダラのシステム性を求めようとする解釈である。

いずれも大きな問題であり、有効な結論を導き出すにはもう少し時間をかけた検討が必要であろうが、未知の可能性を秘めていることは疑いない。

マンダラという語

このように、さまざまの分野で使われているマンダラ（maṇḍala）という用語は、言語的には、古代インドの言葉であるサンスクリット語（梵語）である。

この用語は、古くは本の章、国土の区画などの意味に使われたこともあったが、仏教では主に密教の中で用いられることが多い。

さて、一般には、マンダラという言葉を、二つの部分に分けて説明する。それに従えば、前半のマンダ（maṇḍa）は、中心とか心髄という意味を持ち、さらに仏教的用語法としては、釈尊がさとりを開いた菩提の道場、あるいは最高の飲み物である醍醐を表すこともある。実に「醍醐味」という言葉は、マンダラと不可分に結びついているのである。

後半部のラ（la）は、所有を意味する接尾辞とされ、わが国密教の中心経典の一つである

『大日経』では、両者を総合して「曼荼とは心髄をいい、羅とは円満をいう」と説明している。すなわち、マンダラという合成語としては、「心髄を円満するもの」、換言すれば「エッセンスを持つもの」となる。この解釈は、現在のサンスクリット語の文法知識からすると、多少無理がないでもないが、教義的解釈をこめた定義として後世定着したため、ここでもそれに従っておきたい。

さて、仏教において、「心髄」「エッセンス」とは、『大日経』に対する注釈書にもあるように、「さとり」を示している。それゆえ、マンダラとは、「さとりを有する場」、現代風にいえば、「聖なる空間」となる。

ともあれ、聖なる空間であるマンダラにおいては、末端に至るまで、一見どんなにつまらなく見えるものでもすべてが真実である。マンダラに対する漢訳の中に、「輪円具足《りんえんぐそく》」（円輪のようにすべてがそなわっている）という訳語があるのも決して偶然ではないだろう。

マンダラの特徴

次に、マンダラといわれるものの特徴点をいくつか列挙してみよう。

まず、先にも触れたように、マンダラの特徴の第一点として、「空間」「領域」「場」などの概念をあげねばならない。つまり、マンダラとは、一つの点や、それをつないだ線ではなく、広がりを持った空間である。それであるからこそ、その内と外、つまり聖と俗という異次元の関係が常に注目されることとなり、山伏《やまぶし》の山岳修験に顕著な結界《けっかい》のように、人為的に聖界を設定する行為が必要とされるのである。

第二の特徴は、複数性である。たとえば、『大日経』をマンダラ化した胎蔵界マンダラでは、中央に本尊の大日如来が位置し、その周囲を数多くのほとけたちが、さまざまな働きをしながら取り囲んでいる。もし、いくら本尊の大日如来が見事であっても、それのみで描かれている絵を「マンダラ」と呼ぶことはないであろう。単一透明な世界は、それはそれで価値のあるものではあるが、マンダラの思想を説明する原理とはなり難い。

マンダラの特徴の第三は、中心を持つということである。インド・日本・チベットなどいずれのマンダラをとっても、必ず中央に本尊にあたる中心尊格が位置し、その聖なる世界を代表している。なお中心を持つという条件は、何も可視的なマンダラに限られるわけではなく、われわれの心や身体をマンダラ的小宇宙としてとらえる場合でも、焦点になるべき部分があることは否定できない。

第四に、調和性という特徴も見逃すことができない。マンダラは、確かに複数要素の集合体であるが、万年床の敷かれた下宿のように、勝手気ままに放置されているのではない。この点は、胎蔵界マンダラのように、多種多様の尊格が配列される例を考えると理解しやすい。数多くの尊格の中には、さとりを終えた如来、現在さとりを求めて努力している菩薩たちのような正統的なほとけたちのほかに、悪しきものに対する怒りを直接表現した明王、さらには天部と呼ばれるインド起源の神々が所狭しと描かれている。そこには、元来は仏教の敵対者であった神々の姿も認めることができる。それらのあらゆるほとけたちが、実になごやかに共存しているではないか。

このように、マンダラは、夾雑物《きょうざつぶつ》をいっさい排除して純粋性を追究していくのではなく、逆に多くの異質的要素を包含しながら、しかも全体的には高次の価値観によって調和して成り立つような世界をシンボライズしている。万国博のテーマに取り上げられたのも、まさにその点が評価されたためである。

いかなるタイプのマンダラであれ、そこには必ず動的な流れが感じられる。それが第五の特徴である。たとえば、おのおのの尊格の姿・形を表現する通常の尊像マンダラでは、原則として中央の本尊が最も大きく描かれ、遠心的に周辺に及ぶに従って、尊格の姿が小さくなる。これは、単に形の大きさではなく、ほとけたちの段階にもおのずと差があることを示している。

換言すれば、価値的には中央の本尊の力が、順に周辺に遠心的に波及するとともに、逆に外周部の神々が、内なる本尊に向かって求心的に帰依していくのである。これら順・逆の二様の流れ、難しくいうと逆対応の流れが、広・狭両義のマンダラには必然的に認められることを忘れてはならない。マンダラは、固定化された存在ではなく、力の動きを示すダイナミズムを内包した一種の磁場の世界でもある。

以上の五点は、比較的理解しやすいマンダラの特徴であるが、もう少し踏み込んだ次元からマンダラを考えると、次の二点も見逃してはならないと思う。

それは、

(6) 交替性

(7) 全体性

という二点である。

まず、交替性についていえば、マンダラには確かに多くのほとけたちが登場する。そして、それぞれが適性にかなった役割を果たしていることも事実である。しかし、各尊の位置が永遠不滅にそのままであるとするのは、決してマンダラの真意ではないはずである。マンダラの中に価値的な順位があることは指摘したとおりだが、時としてはローテーションをとりながら、別の性格を持ったほとけが中尊の座に位置することもありうる。

政治にしても、組織にしても、いまの状況が絶対であると考えるのは、やはり一種の偏見であり、時には主役をかえてみるのも組織の活性化につながるのである。

最後に全体性は、最近の環境破壊の問題と考え合わせれば理解しやすい。大気汚染、水質汚濁、温暖化など、われわれの住む地球の自然環境は、刻々悪化の一途をたどっている。現代人は、ややもすれば他人への共感を欠き、自分が実際に被害にあわなければ動こうとしない。

けれども、環境破壊の問題は、自分のところだけ逃れることができるということはありえない。空気が汚れてきたのに、自分の家だけ特別の装置をつけても解決にはならないのである。

マンダラも同じである。たとえわずかでもマンダラの外周部に不都合が生じたとき、そこだけ切り取って残りは無事という考えはできない。マンダラでは、部分はあくまで全体の一部分であって、部分と全体は表裏一体であることを忘れてはならない。

広義のマンダラの分類

多様な可能性を秘めたマンダラに対しては、いくつかの分類法があるが、わが国古来の伝統的な解釈と、現代の新しい発想との両面から総合して私なりの考えを述べると、およそ次のように分類できるのではないかと思う。

a　外のマンダラ［可視的マンダラ］
(1)　尊像マンダラ（大《だい》曼荼羅）
(2)　象徴（物）マンダラ（三昧耶《さんまや》曼荼羅）
(3)　文字マンダラ（法《ほう》曼荼羅）
(4)　立体マンダラ（羯磨《かつま》曼荼羅）
b　内のマンダラ［不可視的マンダラ］

(1)　精神マンダラ
(2)　身体マンダラ

簡単に要約すると、最も広義のマンダラは、われわれの外にあって視覚的にとらえることのできる伝統的な四種のマンダラと、可視的ではないが、むしろわれわれの存在と密接にかかわっているいわゆる内のマンダラとの二種に分類することができる。

このうち、前者のマンダラは、いわば狭義のマンダラともいうべき諸尊の集会図であって、普通一般にマンダラと称する場合は、このタイプをさす。

一方、内のマンダラと名づけるグループは、われわれの個別的人間存在の複雑にして全体的な小宇宙を一つの統一体であるマンダラと考えるものである。このような理解法は、古くは弘法大師空海が、人間精神の発達段階を十種に配列した『秘密曼荼羅十住心論《じゅうじゅうしんろん》』において、人間の心を曼荼羅と呼んだことと無関係ではない。

このうえに、さらに現代的視点を導入すると、われわれの人間存在を、精神的側面からとらえるか、もしくは肉体的側面を重視するかによって、大別して二種の考え方が成り立つ。

まず、複雑にして深遠なる人間の心をマンダラと見るアプローチとしては、先述の十住心説のほか、最近では、C・G・ユングなどによって代表される深層心理学の一派がある。すなわち、心を意識や無意識からなる一つの複合体ととらえ、そこに中心性や力動性を認めている。こうした問題については、専門家の意見が必要であるが、ユングがヒステリーや統合失調症などの精神治療にマンダラの概念を持ち込んだこととも決して無関係ではないだろう。

身体マンダラについていえば、われわれの身体内に地・水・火・風・空という五つの存在要素を、梵字《ぼんじ》によって五つの部分に配置する五字厳身観《ごじごんしんかん》、それを土台として五種の形をとる石塔である五輪塔の信仰と結びつけた新義真言宗の開祖興教大師覚鑁《こうぎょうだいしかくばん》の五大五臓観などがある。

要するに、身体を一つのマンダラ世界と考えたわけである。

狭義のマンダラの分類

先に掲げた外のマンダラでは、聖なる世界の代表者である密教諸尊が視覚的に表現されるが、それに関して、伝統的には、大・三・法・羯と略称される四種マンダラ説がある。この説に対してはいくつかの見解が可能であるが、空海が密教的さとりの境地を説いた『即身成《そくしんじょう》仏義《ぶつぎ》』によると、次のようなシンボリズムの一つのプロセスとして理解することができる。

まず、尊像のマンダラは、伝統教学では「大《だい》曼荼羅」という。大という言葉にはさまざまな解釈がなされているが、要するに実際の姿をともなった図像として表現された諸尊のマンダラである。たとえば、金剛界の大日如来であれば、両足を組み、両足裏を上向きにして坐り、左手の人差し指を右手のひらで覆う智拳印《ちけんいん》を結んでいる。悪しきものを調伏《ちょうぶく》する不動明王は、右手で剣を立てて持ち、左手は悪しきものを捕らえる縄（羂索《けんじゃく》）をつかんでいる。わが国の密教寺院で見かけるマンダラは、この種のものが大部分を占め、美術研究のうえでも中心となる。最も狭義のマンダラといえるだろう。

　尊像マンダラを土台とし、それを簡略化して各尊格の性格や働きを明確に象徴する持物や手の姿で置き換えたのが、象徴（物）のマンダラ（三昧耶《さんまや》曼荼羅）である。ここでいう三昧耶は、「約束」「契約」などの意味を持つ梵語のサマヤ（samaya）の音を写したもので、漢字自体には何の意味もない。つまり、蓮華や剣などの特色のある持物などによって、その尊格であることを一般に「約束」し、「象徴」化したのである。九つの部分（九会）からなる現行の金剛界マンダラのうち、三昧耶会などはこのグループに属している。

　シンボルのマンダラをさらに象徴化して種字《しゅじ》という単音節文字（母音が一つしかない文字）、もしくは文章化した陀羅尼《だらに》で表現したのが、文字マンダラ（法《ほう》曼荼羅）である。文字といっても原則的に古代インドの神聖な文字といわれる梵字に限られる。種字とは、ちょうど植物の種子《たね》から根や茎や葉や花が生じるように、その内部に全体のエッセンスを集約している。阿弥陀如来をフリィーヒ（伝統読み、キリーク）で表現するのは、その好例である。

　第四のマンダラは、伝統的には羯磨《かつま》曼荼羅という。羯磨とは、カルマン（karman）という梵語の音写であり、行為を表す。先述の尊像（大）、象徴物（三昧耶）、種字（法）の三種のマンダラを、ほとけたちが人びとを救済する行為として再解釈するが、現実には、画像よりもむしろ木像《もくぞう》、塑像《そぞう》（粘土製）、鋳像《ちゅうぞう》（金属製）などの尊像によって構成された立体マンダラをいうことが多い。京都の東寺講堂の二十一体の仏像群はその代表である。

以上のように、マンダラにも種々の様相があるが、見える場合にしろ、見えない場合にしろ、そこにおいて聖なるもの（ほとけ）と俗なるもの（われわれ）が一体化しうる場がマンダラであると定義することができる。

色と形のシンボリズム

マンダラの形

マンダラに関心を持たれた方からのお手紙の中で、マンダラの基本的な円形や四方形などの構造に対して、「入れ子構造」や「フラクタル理論」などの斬新なご意見をいただくことがある。

私自身、仏教学者と寺院住職という多忙にかまけて、なかなか新しい分野の研究に取り組むことができないが、いずれにしても「自己相似性」というか、われわれの存在そのものと同様の構造が模索されている現在、マンダラというものは、図形的にも、構造的にも無限の可能性を持っていることは事実であろう。

そこで、マンダラの代表である「尊像マンダラ」に焦点をしぼって、マンダラの構造とそのシンボリズムを探ってみよう。

ところで、わが国では、最澄や空海などによって多数のマンダラが中国からもたらされたが、日本的特色として、マンダラ自体の構造、とくに巨大な円輪などの外部構造よりも、むしろそこの中に描かれて、礼拝の対象となっているほとけたちのほうに多大の関心が払われているようである。

そのため、図形に強い関心を払うならば、マンダラの原義を明示する密教のふるさとインドのマンダラを考慮しなければならないが、地面に描かれる土壇マンダラなどの現存する作例が非常に限定されるため、ここでは、マンダラのオリジナルな要素を比較的忠実に残しているチベット系のマンダラを主たる資料とし、あわせて日本の代表的なマンダラの形や構造についても言及したい。

さて、最初は、チベット系の薬師如来のマンダラを例にとりながら、その全体的な形の持つ意味を考えてみたい。

全体の構造を概観して明らかなのは、図形的に見て、マンダラはおおむね円と正方形が中心となって構成されているという事実である。この傾向は、決して偶然ではなく、シンボリズムの立場から大変重要な意味を持っている。

インド・チベットのマンダラは、原則として円形の基本構造を持つが、円形は、円満とい

チベットの白描図像。薬師如来マンダラ

う言葉からも察せられるように、図形の中では最も完全な形である。それゆえ、マンダラ(maṇḍala)という梵語も、形容詞として使用される時は、「円《まる》い」という意味を持つ。

また、内部構造との関連から述べると、円形は、二つのものを象徴的に表現している。第一に、インド・チベットのマンダラでは、円形はしばしば仏塔を表している。仏塔は、狭義には仏陀釈尊の遺骨を納める一種の供養塔であるが、仏塔というものを歴史的制約を超えてより普遍的に考えると、聖なる世界そのものを象徴した存在と理解することができる。

仏塔の中には、もちろん四方形のものも遺存しているが、インドの中央部にある有名なサーンチーの仏塔やネパールの仏塔などの例からも知られるように、やはり円形の仏塔が基本であったことは疑う余地はない。

第二は、日本のマンダラのうち、主に金剛界マンダラに顕著な特色であるが、そこに登場する円形は、満月を表している。これは、月輪観《がちりんかん》という、清らかな満月を瞑想する修行法が密教で流行したこととも無関係ではない。それでは、なぜ太陽ではなくて、月が用いられたのかというと、密教成立の地インドでは、灼熱の太陽はあまりにも過酷であり、むしろ心を清め、聖なる世界を象徴するには、夜空を照らし、人びとを清涼にしてくれる月が用いられたのであろう。太陽が恋しい北国の人には、とても理解できない話である。

加えて、月が現実に満ち欠けをくり返しており、そのプロセスが、心の段階的修行と相似しているため、完全なる境地ともいうべき満月がとくに重視されたものと思われる。

次に正方形は、完全性という点では、円に譲るものの、平面空間の重要要素をすべて具備しており、しかも発展・展開を暗示する四方形でもある。また、安定性の面では、あらゆる図形の中でも第一といえる。四という数字は、わが国では死と発音的に相通じるので、ややもすれば忌み嫌われることがあるが、古代インドでは四天王や四聖諦《ししょうたい》（苦・集・滅・道）という言葉があるように、元来まとまりのよい数字の一つである。

とくに、マンダラのように、空間配置を基本とする立場では、四方形は、円形とともに不可欠の役割を果たしているといっても過言ではない。

次に、やや頻度は落ちるが、マンダラに登場する図形として半円形と三角形がある。このうち、半円は、円の半分であり、不完全さを象徴すると同時に、さらに展開する余地を残している。最後の三角形は、力やエネルギーがある方向へ流れて行くことを示す。つまり、上向きの三角形は、下から上へのエネルギーの上昇を表す。反対の下向きの逆三角形は、聖なる力が下方へ展開することを象徴している。三角関係という言葉のあるように、三角形はどうしても攻撃的なイメージが強いようである。

これらの図形は、種々の祈願をかなえるために護摩《ごま》の修法《しゅほう》を行なう時の土壇の上に描かれるマンダラの輪郭、もしくは日本の場合では、そこに木片や油などの供養物を投入して焚き上げる護摩炉《ごまろ》の形に適用されている。

ところで、伝統的に伝えられている護摩の修法の内容と、そこで用いられるマンダラ（護摩炉を含む）の形と用いる色彩の関係は、次のようである。

〈祈願の内容〉	〈マンダラの形〉	〈用いる色〉
息災《そくさい》	円形	白色
増益《ぞうやく》	正方形	黄色
敬愛《けいあい》	半円形（弓形）	赤色
調伏《ちょうぶく》	三角形	青色

祈願の内容にあたる息災・増益・敬愛・調伏の四種の目的を、古来、四種法《ししゅほう》と呼んでいる。

これらを詳しく説明すると、息災とは、災いを鎮めることをいう。換言すれば、力の動きを示すベクトル的にいって、現在はマイナスであるものを少なくともゼロにしようとする祈願で、病気の平癒、厄年の無事、安産などの願望があげられる。

増益は、現在ゼロの状態にあるものをプラスにする修法であり、寿命長遠、商売繁盛、学力増進、子孫繁栄などがあげられ、息災と並んで密教護摩の中では最も人気を得ている。

第三の敬愛は、増益の一種であるが、とくに男女の愛情、もしくは他人の恩顧を得ることを目的とする。現実には、良縁成就、夫婦和合などの祈願がそれに該当する。

第四の調伏は、現在プラス、もしくはゼロの状態にある他人の運命をいっきょにマイナスにしようとするもので、戦争や政争などにかつて用いられたという。現在でいうならば、戦争、環境破壊、人権侵害などわれわれの身近に生じているさまざまの問題が調伏されるべき対象ということができるだろう。

マンダラの形との関連でもう一度整理すると、息災のマンダラが完全なる形である円形を用いることは、容易に想像がつく。

次に、ものごとを増進させる増益では、発展性のシンボルである正方形が用いられる。わが国のマンダラでは、やや縦長の四方形のマンダラが数多いが、これは、壁面に吊るして掛けるというあくまで美術的かつ実用的な表現と結びついたもので、理念的には、正方形があくまで原則である。

一方、敬愛の祈願では、半円形を使用することが多い。これは、象徴的には不完全さを残す半円を完全な円形にする意図を秘めたものであろう。

三角形は、ヒンドゥー教の密教にあたるタントラ派の中では、神の力を示すヤントラ図の基本図形として重要な意味を持っているが、一般には、力の一定方向への流出など攻撃的イメージが強い。それゆえ、相手を打ち破ることを祈願する調伏でこの図形が描かれることが多い。

色の形而上学

マンダラの色彩についていえば、白色はものごとの安定と静寂を象徴するため、息災の色とされる。白色が最も基本の色となることは、多くの文化圏でほぼ共通している。

増益の黄色は、色彩論では暖色の代表であり、ものごとの発展を示す。これは、黄金色と類似した色彩であり、両者はしばしば同一視される。後述の金剛界五仏では、財宝性を象徴する宝生《ほうしょう》如来の身体の色とされる。

また、敬愛の赤色は、情愛・恩愛を表す色彩であり、愛染明王の身色の色彩としても知られている。

最後に、調伏は、青色によって象徴される。これは、相手を打ち負かすためには、「青筋を立てて怒る」といわれるように、忿怒の青色が最適であるからであり、わが国でも不動明王や降三世《ごうざんぜ》明王など多くの忿怒尊が青色で表現されている。

なお、西欧の色彩論でも、古代のギリシャ哲学から中世のキリスト教神学、そして近年のユング心理学まで実にさまざまな色彩論が展開されている。ここでその詳細を紹介することはできないが、先に触れたインドを中心とする東洋の色彩哲学との相違点のみを指摘しておきたい。なぜならば、色は、人間の住む風土や文化と密接なかかわりを持っているからである。

まず、白色は、イメージの原像であり、あらゆるものの根源を意味している。

一方、赤色は情熱の色である。この両色については、東洋と大差のない解釈である。ただし、赤色は、文化的には、血、とくにキリストの受難の血のイメージを内包しているという。

黄色は、太陽の色であるとともに、心理学的には自己顕示を象徴する。仏教では、原則として無我説（ものには固有の本性がないこと）を説くので、こういう解釈はない。

青色は、神秘の色であるが、同時に不安とメランコリー（憂鬱）を表す。英語でいう「ブルー」は、まさにそういう意味を表している。

最後に、緑色は、植物に代表されるやすらぎを示す。地球環境の問題と結びつけられることが多く、緑色は、まさに安全・安定・安心の色である。

なお、インド・中国など東洋の色彩論では、西洋のグリーンにあたる色彩を説かない。インドで「緑」に近い語はシャーマ（śyāma）であるが、これは実際には灰色（雑色）をさす。

マンダラの構造

チベット系のマンダラでは、ほぼ例外なく最外周が円輪によって周囲と仕切られている。その理由の一つは、聖なるほとけたちの世界を可視的に現出するためには、円形がふさわしいということもあろうが、注意すべきは、その円輪が二重、もしくは三重の構成になっていて、最外周では燃え立つ火炎の円輪が、中間には古代インドの武器である金剛杵《こんごうしょ》の円輪が、そして最内輪にはハスの花びらである蓮弁が放射状に連続して表現されていることである。

いま、マンダラ作成の基本典籍の一つである『法曼荼羅経《ほうまんだらきょう》』(八世紀から九世紀頃の成立)などの記述を参考にしながら、マンダラの構造とその意味を探ってみたい。

最初に、最外周の火炎輪は、その内部に外敵が侵入するのを防ぎ、聖なる空間を形成するという結界《けっかい》の役割を果たしている。したがって、実際の敵軍や毒虫などの外敵にしても、また内的・精神的に解釈して、われわれの心の世界を動揺させる煩悩やストレスなどの心的要因にしても、それらをシャットアウトして聖なる世界(心理学でいえば、自我、もしくは自己)を守っているのである。

金剛杵によるバリケードも同じ目的であろう。金剛杵は、古代インドの戦いの神インドラ(日本では帝釈天)の武器として知られており、わが国でも東大寺三月堂の秘仏・執金剛神《しゅうこんごうしん》像や弘法大師空海像の持物としてわれわれに親しい。以上の火炎と金剛杵という二つの強力要素によって、マンダラの完全性が保証されるのである。

最内輪の蓮弁輪は、少し性格を異にしている。仏典で蓮華《れんげ》と呼ばれるハスの花は、清らかさを表すとともに、神秘的な生産・産出の象徴として人びとに親しまれてきた。夏の早朝、泥水の中から頭を出したハスのつぼみは、音をたてて開くというが、私は残念ながら聞いたことがない。マンダラは、一時的にせよ、そこに実在が現出される場である。この事実は、女性の神秘的な生産のエネルギーとも共通性を持ち、蓮華はしばしば女性要素の象徴とされる。なお、種類としては別の植物である水蓮(睡蓮)も、広義の蓮華の中に含められることが多い。

それを最も端的に表現したのが、密教の中心経典の一つ『大日経《だいにちきょう》』に説かれる胎蔵界マンダラである。胎蔵界マンダラは、正確には「大悲胎蔵生《たいひたいぞうしょう》マンダラ（大いなる慈悲の母胎から生じたマンダラ）」というが、中央に八葉の蓮弁を描き、花芯に本尊の大日如来を、そして周囲の八葉には、さとりの各段階を象徴する宝幢《ほうどう》如来以下の四仏と、観音・文殊などの有力な四体の菩薩が配されている。八は、四についで空間配列上の重要な数であるとともに、八葉の蓮弁は人間の心臓を象徴しているという説もある。ともあれ、蓮華も、マンダラ図像上、とくに胎蔵界マンダラの大切な要素であることは否定できない。

さらに内側に目を移すと、四方の四門をそなえた正方形の城郭構造が、あたかも均等な力でもって垂直の方向に圧しつぶされたように、上部を外側、下部を内側に向けた放射状に描かれている。このように、マンダラの内部の四方形は、ほとけたちの住む宮殿を表している。

その門の部分に注目すると、幾層かの構造を持つ楼閣の上には、両側からアーチ状の飾りが伸び、その中央では、二頭の鹿が向かいあってうずくまっており、仏教の象徴である法輪（円輪）を支えている。このモチーフが、インドのサールナートの鹿野苑《ろくやおん》における釈尊の初《しょ》転法輪《てんぽうりん》（最初の説法）を表していることは容易に想像がつく。つまり、密教のマンダラには、仏教の開祖釈尊の要素が巧みに組み込まれ、その聖性が保証されている。

四方形の城郭の上には、のぼり旗（幢幡《どうばん》）、日傘（傘蓋《さんがい》）、法螺貝《ほらがい》などの縁起のよいシンボルが掲げられ、その上には美しい飛天《ひてん》が楽器を奏でながら供養している。これらも、初期仏教以来の仏塔供養の要素を有効に持ち込んだものであろう。

四方に開かれた門の内部には、鎧・兜をつけた四天王か、もしくは右脚を伸ばして威嚇のポーズをとる忿怒形の金剛界系の四摂菩薩《ししょうぼさつ》が配され、魔的存在の侵入を阻止している。この図像を、いわゆる内のマンダラ（心のマンダラ）的に解釈すれば、城郭の内部を意識の世界、その外部を無意識の世界と理解することも可能である。

さて、この城郭の内部に、マンダラのほとけたちが整列するのであるが、実に日本のマンダラは、外部構造がほとんど省略され、内部の諸尊の配置のみがマンダラとして扱われている。これは、日本が非常に温暖で、しかもマンダラ修行の妨害物となる毒虫や毒蛇が少ないという風土的要因に基づくものであろう。そのため、元来経典に説かれていた結界的要素も実感を欠き、むしろ諸尊の内容とその配列がマンダラの中心的意味を持つに至ったのである。

日本のマンダラのほとけたちの役割と意味に関しては、別に詳しく紹介したい。

V　華麗なるマンダラのほとけたち

両界マンダラの知恵

現在、わが国の真言・天台の両密教の寺々を訪れると、ほぼ例外なく一対二幅のマンダラが掛けられていることに気がつく。これを「両部《りょうぶ》マンダラ」、もしくは「両界《りょうかい》マンダラ」と呼び、真言・天台の両密教、なかんずく真言密教では絶対最高の体系と考えられている。わが国で最も狭い意味で「マンダラ」と呼ぶ場合は、この種のマンダラをさし、専門的には「現図《げんず》マンダラ」と呼んでいる。ここでは、その両部・両界マンダラの持つ意味とその思想について考えてみたい。

両部か、両界か

密教寺院の内部の左右両側に掛けられている一対のマンダラをどのように呼ぶかについては、古来、主に二つの名称が用いられている。すなわち、「両部マンダラ」と「両界マンダラ」の二種である。

このうち、前者の「両部マンダラ」については、両マンダラの典拠となった二種の重要経典、つまり『大日経《だいにちきょう》』と『金剛頂経《こんごうちょうきょう》』の存在が重視されている。

すでに、密教の歴史を概観したところで述べたように、七世紀頃にインドで成立した本格的密教経典の最初であり、しかも中国、朝鮮半島、そして日本では現在までも中心的役割を果たしている『大日経』では、「大悲胎蔵生《たいひたいぞうしょう》マンダラ（大いなる慈悲の母胎から生じたマンダラ）」が説かれている。

一方、『大日経』にやや遅れて成立した『金剛頂経』では、五段階の成仏瞑想法《じょうぶつめいそうほう》（五相成《ごそうじょう》身観《じんかん》）によって大宇宙的存在と合一した金剛界大日如来が、阿閦《あしゅく》如来などの四仏や金剛薩埵《こんごうさった》をはじめとする十六大菩薩などのいわゆる金剛界三十七尊を生み出すマンダラを「金剛界マンダラ」と称している。

両者のマンダラの名称を比較して明らかなように、『金剛頂経』のマンダラには、「金剛界」というように、最初から「界」の字が存在しているのに対し、『大日経』のマンダラには、少なくとも原典的には、「胎蔵生マンダラ」もしくは「胎蔵マンダラ」とあり、「界」の字は認められない。

また、日本密教の事実上の確立者ともいうべき、弘法大師空海が著したいずれの書物にも、「両界」という用語は確認されない。

しかし、『大日経』『金剛頂経』を総合して「両部」とする発想は、すでに空海では顕著であったため、経典を重視する立場からは、「両部マンダラ」の語が用いられることが多い。

これに対し、天台密教を大成した円仁《えんにん》・円珍《えんちん》・安然《あんねん》などの時代、つまり九世紀後半になると、「金剛界」という表現に影響されて、密教の実践書（次第《しだい》）などの中には、「胎蔵界」という表現が見られるようになってきた。また、マンダラの箱書や名称にも「胎蔵界」の用語が使用されることとなる。要するに、作品や資料を重んじる立場からは、「両界マンダラ」と呼ばれることが可能となるのである。

このように、いずれの呼称にも根拠があるが、美術品として指定される場合は、両界マンダラの呼称が用いられることが多いので、ここでは原則として両界マンダラと呼ぶことにしたい。

現図マンダラとは

両部・両界マンダラを一対のセットとすることが、いったい誰によって始められたのかは定かではない。しかし、善無畏《ぜんむい》三蔵や金剛智《こんごうち》三蔵や不空《ふくう》三蔵など、インドから密教経典を伝えたり、それらを翻訳したインドの密教僧には、そのような発想は見受けられない。

また、インドやチベットの密教では、『大日経』と『金剛頂経』は、明らかに発達段階の異なる密教経典であり、両者を一具（ひとそろえ）の組み合わせとする教義は確立されなかった。

これに対し、弘法大師空海は、その公式帰朝目録である『請来目録《しょうらいもくろく》』に、

大毘盧遮那大悲胎蔵大曼荼羅《だいびるしゃなたいひたいぞうだいまんだら》
金剛界九会曼荼羅《こんごうかいくえまんだら》

と述べ、とくにサイズの大きな二幅のマンダラを持ち帰っている。つまり、空海は、両界マンダラを明瞭に意識している。

したがって、空海の密教の直接の師である長安青龍寺の恵果《けいか》阿闍梨が、少なくとも両部・両界の思想を持っていたことは疑いの余地はなく、加えて不空など恵果の師匠たちにはその発想はないことから、恵果の思想的所産と推測することも不可能ではない。事実、師の恵果は、温厚篤実な実践の人であったのみならず、陰陽説などの二元論に慣れ親しんだ中国人であったので、両部・両界の思想を考えついたのではなかろうか。

この空海の請来した一対のマンダラは、原本は存在していないが、幾度か描き直し（転写）されたものが東寺に伝わっている。厳密にいえば、一対の両界マンダラは、空海に遅れて入唐し、帰朝した円珍（滋賀・園城寺中興、八一四～八九一）や空海の孫弟子宗叡《しゅうえい》（八〇九～八八四）も持ち帰っているが、空海系のものとの間に多少の相違（とくに胎蔵界マンダ

ラ）があったことが、仁和寺の真寂《しんじゃく》法親王《ほうしんのう》（八八六〜九二七）の『諸説不同記《しょせつふどうき》』というマンダラ解説書に説かれている。

けれども、結果的に見て、「現図マンダラ」と呼ばれる胎蔵界十二院マンダラと金剛界九会マンダラのセットが最も流布したことは明らかであるので、ここでは現図マンダラに拠りながら、二つのマンダラに説かれる思想をわかりやすく紹介してみたい。

胎蔵界マンダラの構造

現存の胎蔵界（現図マンダラ）マンダラは、左右（南北）三重、上下（東西）四重の計十二院（部分）からなっている。登場する尊格数は四〇九尊。方位は、上方が東である。

これら十二院の名称とその働きは、次のようである。

1　中台八葉院《ちゅうだいはちょう》　本尊の大日如来とその属性を分担する四仏、およびそれを補佐する四菩薩からなる。

　これらの四体の如来とその見習いにあたる四菩薩の興味深い働きについては、のちに詳しく紹介したい。

2　遍知院《へんち》　三角形の一切遍知印《いっさいへんちいん》を中心に、知恵とものを生み出す生産の力を象徴する。

3　持明院《じみょう》　不動明王や降三世明王などによって、如来の降伏の力を表す。

右／胎蔵界マンダラ　東寺蔵両界曼荼羅図元禄本の縮小模写。中村佳睦画（香川県立ミュージアム蔵）　下／胎蔵界マンダラの構造

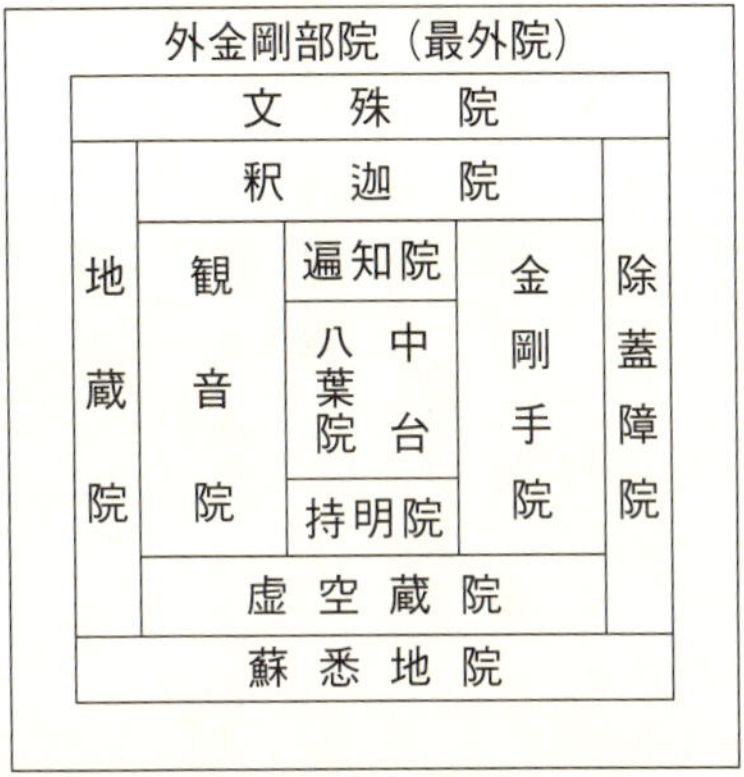

4 釈迦院《しゃか》　伝統的な釈迦如来を掲げ、密教が従来の仏教を摂取したことを示す。
5 虚空蔵院《こくうぞう》　虚空蔵菩薩を中心とし、あらゆるものを生み出す功徳を象徴する。
6 観音院《かんのん》　観音菩薩を中心とし、慈悲の働きを象徴する。
7 金剛手院《こんごうしゅ》　金剛手菩薩（金剛薩埵）を中心とし、諸悪を倒す力の働きを象徴する。
8 文殊院《もんじゅ》　文殊菩薩を中心とし、知恵の具体的な働きを象徴する。
9 蘇悉地院《そしつじ》　如来のあらゆる働きの完成を象徴する。
10 地蔵院《じぞう》　地蔵菩薩を中心とし、あらゆるものを救済する働きを象徴する。
11 除蓋障院《じょがいしょう》　除蓋障菩薩を中心とし、あらゆる障害を取り除く働きを象徴する。
12 外金剛部院《げこんごうぶ》　マンダラを守るとともに、その功徳をあらゆるものに広める働きを象徴する。最外院《さいげ》ともいう。

このように、すべてのほとけたちが、それぞれ最も適した働きをしながら、一つの統一した世界を築き上げているところに、密教の知恵の一端をうかがうことができる。
胎蔵界マンダラは、原則として各尊が一つの所属と役割を持っている。これは、同じほとけが姿・形をかえて幾度となく登場する金剛界マンダラとは好対照をなしている。

胎蔵界マンダラの思想

次に、この胎蔵界マンダラから読みとれるいくつかの思想を抽出してみたい。

最初に、中央の部分、すなわち八つの蓮弁からなる中台八葉院を眺めてみると、中央の花芯のところに本尊の大日如来が坐り、その四方の蓮弁には、四体の如来が配されている。それらの名称と働きを要約すると、次のようになる。

〈方位〉	〈名称〉	〈働き〉
東方	宝幢《ほうどう》如来	発心《ほっしん》（さとりへの出発）
南方	開敷《かいふ》華《け》王《おう》如来	修行《しゅぎょう》（さとりへの努力）
西方	無量寿《むりょうじゅ》如来	菩提《ぼだい》（さとりの実感）
北方	天鼓《てんく》雷音《らいおん》如来	涅槃《ねはん》（さとりの体得）
中央	大日《だいにち》如来	方便《ほうべん》具《ぐ》足《そく》（さとりの応用）

解説を加えると、マンダラでは方角は必ず東方から出発する。これは日の出とも無関係ではあるまい。東方の宝幢如来は、宝をちりばめた旗印を表したほとけであり、それは初めて宗教的な世界に気づく発心を象徴している。

南方の開敷華王如来は、花のつぼみが開くさまを象徴したほとけであり、さとりに向かって修行を積み重ねていくプロセスを象徴している。

西方の無量寿如来は、金剛界マンダラの西方阿弥陀如来と同体と考えられている。胎蔵界マンダラの教えでは、やっとさとりの世界を実感する段階を意味している。

北方の天鼓雷音如来は、天上にある自然に音を発する不思議な太鼓で、釈尊の説法を表し

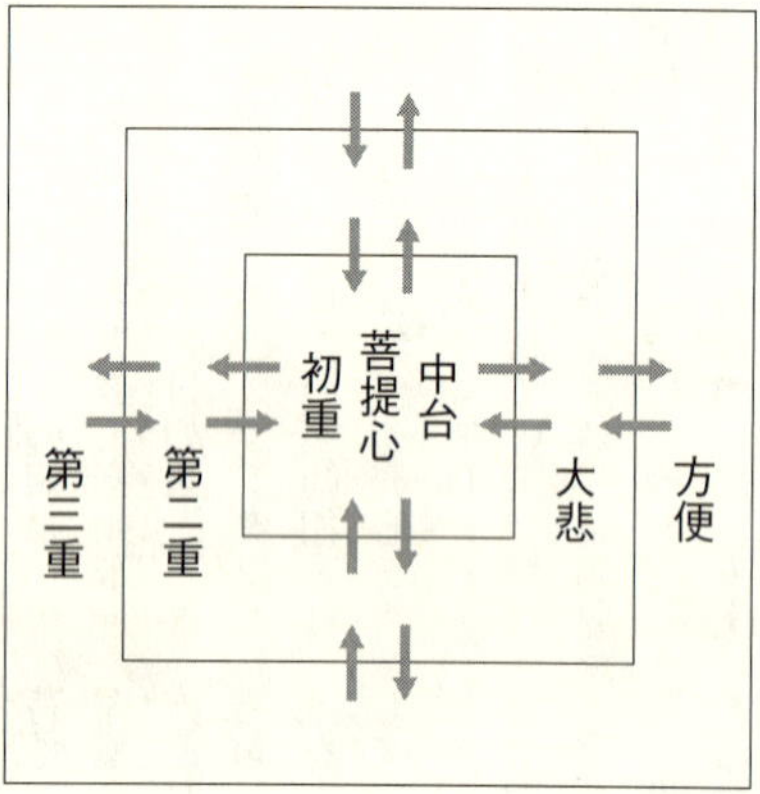

胎蔵界マンダラの思想

たほとけであるとともに、マンダラ教学では、涅槃という寂静の世界にひとたび入ってしまうことを意味している。

しかし、密教では、いくら素晴らしいところであっても自分ひとりだけでやすらぎの境地に安住することよりも、他の人びとを救い、苦楽をともにすることのほうを重視する。

その結果、中央の大日如来は、方便具足といって、みずからのさとりをさらに他の人びとのさとりのために応用する方便として高く評価されるのである。

なお、四方四仏の意味する発心・修行・菩提・涅槃のいわゆる四転（四つのプロセス）が、わが国の四国遍路の四ヵ国にあてはめられていることは、すでに指摘したとおりである。

次に、中央の中台八葉院をはじめとする十二院に対して、典拠となる『大日経』の第一章「入真言門住心品《にゅうしんごんもんじゅうしんぼん》」に説く三句の法門（三つの言葉からなる大切な教え）を使って説明することが一般化している。ここでいう三句とは、「最高の知恵は、さとりの心をその原因とし(因《いん》)、大いなるいつくしみの心をその根拠とし(根《こん》)、それらの正しく、有効な働きを究極の目的(究竟《くきょう》)とする」という言葉であるが、その三句を、先述の十二院に、次のように配当している。

因―菩提心―中台八葉院、遍知院、持明院、観音院、金剛手院

根―大悲―釈迦院、文殊院、虚空蔵院、蘇悉地院、地蔵院、除蓋障院

究竟―方便―最外院(外金剛部院)

すなわち、中央の本尊大日如来の徳性が密教の教義にのっとって外部へと遠心的に展開している。と同時に、周辺のものたちが本尊に向かって帰依するという求心の構造があることを見逃してはならない。要するに交差する二種の流れが巧みに作用しているのである。マンダラとは、直線的・一方通行的な世界観ではなく、あくまで流動的でダイナミックな世界の実相を表現しているのである。

金剛界マンダラの構造

一方の金剛界マンダラは、『金剛頂経』、正確にいえば、その第一章にあたる『初会《しょえ》金剛頂経』(『真実摂経《しんじつしょうきょう》』ともいう)に説かれるマンダラが中心となっている。ところで、この金剛界マンダラにもいくつかの系統があって、現にインドやチベットに作例が残るもの、ある

右／金剛界マンダラ　東寺蔵両界曼荼羅図元禄本の縮小模写。中村佳睦画（香川県立ミュージアム蔵）　下／金剛界マンダラの構造

四印会	一印会	理趣会
供養会	成身会	降三世会
微細会	三昧耶会	降三世三昧耶会

いは、わが国で主に天台宗に伝えられている八十一尊マンダラなどは、一つの部分からなるいわゆる一会《いちえ》マンダラである。しかし、一般には九つの部分からなる現図系九会《くえ》マンダラが用いられている。

九会の金剛界マンダラの大きな特色は、先に紹介した胎蔵界マンダラとは異なって、同じほとけたちが何度も姿・形をかえて登場することである。これはあたかもドラマにおいて、場面が異なっていても同じ役者が服装をかえて登場するようなものである。正装した公式的な場面もあれば、怒りに身を震わせる場面もある。あるいは、役者の数を減らして少しくつろいだ一幕もある。実に九会マンダラは、喜怒哀楽の交錯したドラマの世界といえるだろう。

九会マンダラの構成と内容は、次のとおりである。

1 成身会《じょうじんえ》（羯磨会《かつまえ》・根本会《こんぽんえ》） 金剛界マンダラの中心で、密教的世界を尊形《そんぎょう》（具体的な姿・形）で表現したもの。組織でいうと、全体総会にあたる。

2 三昧耶会《さんまやえ》 成身会を、諸尊の働きを示す持物（三昧耶《さんまや》形《ぎょう》）などで表現したもの。

3 微細会《みさいえ》 中央に位置する三十七尊は、小さな（微細）金剛杵の光背を持つ。成身会を文字、もしくは音で表現しようとしたもの。聖なるものと波長を合わせて共鳴するバイブレーションの世界といえようか。

4 供養会《くようえ》 五仏以外の諸尊は女性の姿で表される。成身会の内容を諸尊の働き、もしくはエネルギーで表現したもの。

5　四印会《しいんえ》　成身会を簡略化し、代表的尊格のみで表現したもの。すなわち、五仏のうちの大日如来と、十六大菩薩中の各方位の代表的四菩薩の姿等を配している。会社でいうと、局部長会議といえる。

6　一印会《いちいんえ》　成身会を一尊、すなわち本尊の大日如来のみで表現したもの。いわば、社長室にあたる。

7　理趣会《りしゅえ》　金剛界マンダラの教えを、煩悩即菩提のほとけである金剛薩埵などで表現したもの。この会のみ、大日如来がまったく登場しない。組織でいうと、外部出向といえるだろうか。

8　降三世会《ごうざんぜえ》　素直に教えに従わないもののために、忿怒降伏のほとけ降三世明王を表現したもの。成身会などの金剛薩埵の個所が恐ろしい降三世明王にかわっている。

9　降三世三昧耶会　先の降三世会を、諸尊の働きを示す持物などで表現したもの。

これらの九会は、次項で述べるように、全体的に見て一つの流れを形成しているのである。

なお、方位は、胎蔵界マンダラとは逆に、下方が東方にあたる。これは、胎蔵界マンダラを本尊に向かって右側に、金剛界マンダラを左側に掛ける習慣から生じたものであろうか。

金剛界マンダラの思想

金剛界マンダラは、中心となる部分が、以下の金剛界三十七尊によって構成されている。

1 金剛界五仏

毘盧遮那《びるしゃな》（大日）・阿閦《あしゅく》・宝生《ほうしょう》・阿弥陀《あみだ》・不空成就《ふくうじょうじゅ》

2 十六大菩薩

阿閦系…金剛薩埵《こんごうさつた》・金剛王《おう》・金剛愛《あい》・金剛喜《き》

宝生系…金剛宝《ほう》・金剛光《こう》・金剛幢《どう》・金剛笑《しょう》

阿弥陀系…金剛法《ほう》・金剛利《り》・金剛因《いん》・金剛語《ご》

不空成就系…金剛業《ごう》・金剛護《ご》・金剛牙《げ》・金剛拳《けん》

3 四波羅蜜《しはらみつ》菩薩

金剛波羅蜜・宝波羅蜜・法波羅蜜・業波羅蜜

4 八供養菩薩

内の四供養…金剛嬉《き》・金剛鬘《まん》・金剛歌《か》・金剛舞《ぶ》

外の四供養…金剛香《こう》・金剛華《け》・金剛燈《とう》・金剛塗《ず》

5 四摂《ししょう》菩薩

金剛鉤《こう》・金剛索《さく》・金剛鎖《さ》・金剛鈴《れい》

最初に、金剛界マンダラの中枢を占める金剛界五仏に関して、その意味を要約しておきた

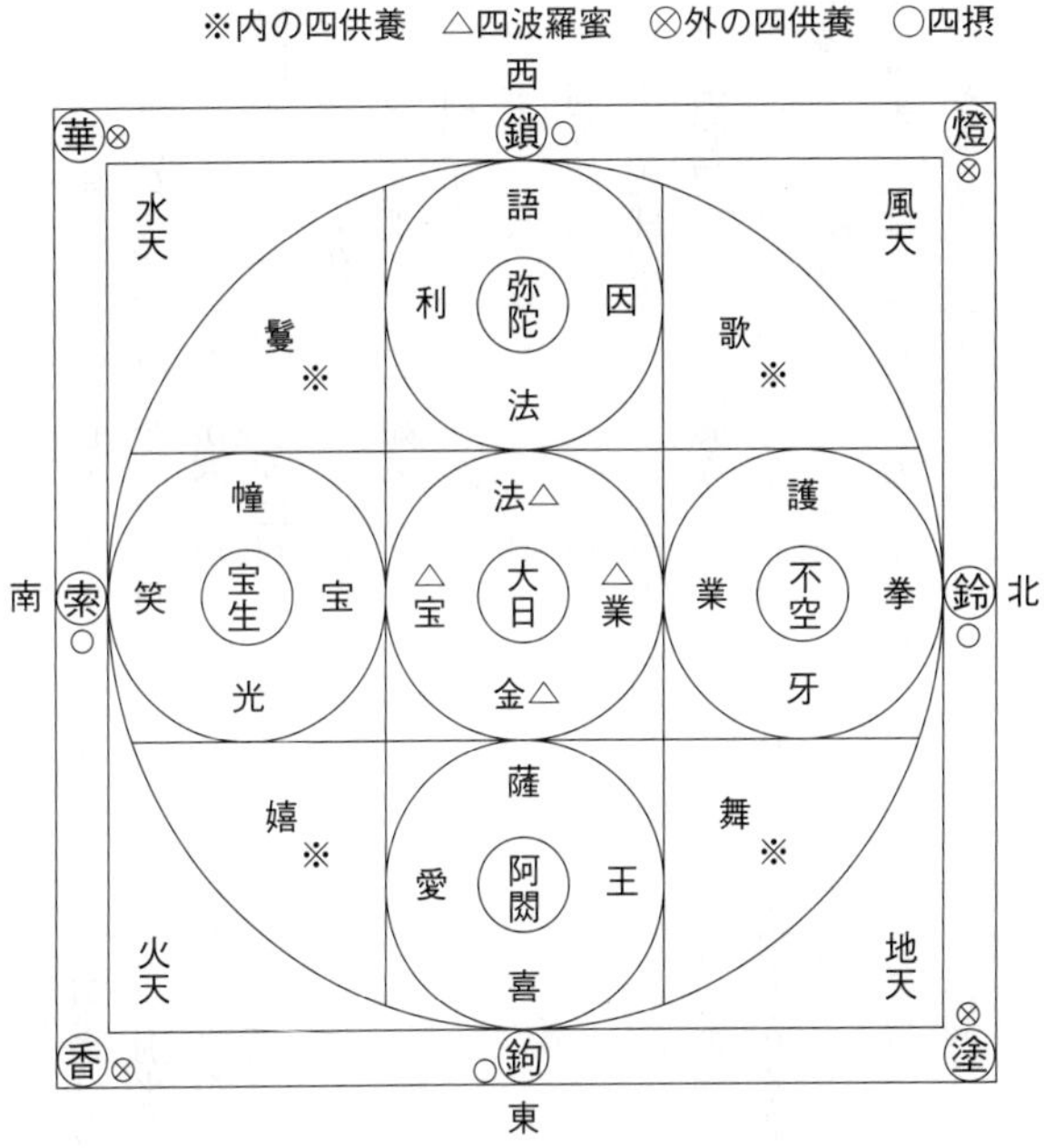

金剛界マンダラ成身会の構成図。金剛界五仏をはじめとする三十七尊が配置されている。

い。

マンダラでは、大宇宙にあたる実在的存在は常に全体性として表現される。ところが、それを現象の中に具体的に投影するためには、自己限定ともいうべき個別化が生じる。金剛界五仏は、トータルを象徴する大大日がみずから展開し、狭義の大日如来を中心として、その属性と作用を象徴する四仏を、次のように配置したものである。

〈方位〉	〈金剛界五仏〉	〈属性・作用〉
中央	毘盧遮那（大日）如来	
東	阿閦如来	調伏・力
南	宝生如来	財宝・幸福
西	阿弥陀如来	知恵・慈悲
北	不空成就如来	作用・利益

すなわち東方の阿閦如来は、全体的なほとけである大日如来の無限の働きのうち、言うことを聞かない悪しきものを、高次の慈悲の立場から叱りつけて納得させる調伏のほとけである。学校でいえば、非常に怖いが、卒業後はなぜか懐かしい先生である。

南を担当する宝生如来は、その名称の示すごとく、宝を生じるほとけである。万能の大日如来であれば、富や財産を生み出すことは当然であり、密教では、虚空蔵や地蔵などの菩薩たちも広義の財宝尊である。

西方の阿弥陀如来は、不可分の関係、つまり子供ともいうべき観音菩薩の働きを考慮に入れると、慈悲という面を無視できない。もっとも、肝心の典拠になる『金剛頂経』では、知的な働きを強調するので、それに従っておこう。

最後の不空成就という難しい名前は、「その完成が空しからざるもの」、換言すれば「必ず成就するもの」という意味であり、如来の働きと功徳が素晴らしいものであることを表すほとけである。それゆえ、行為を象徴するといわれている。

金剛界の四仏の場合は、さとりへの時間的なプロセスを示す宝幢如来などの胎蔵界四仏とは異なって、全体である大日如来の一部分としての役割が強いようであり、胎蔵界マンダラの時間性に対して、金剛界マンダラの空間性として対比することもできる。

なお、大日如来を除く金剛界四仏の周囲をさらに四方から取り囲む四体の菩薩たち、それらを合計すれば計十六尊になるので、専門的には十六大菩薩と称している。これらのほとけたちは、阿閦如来などの四仏の働きをさらに細かく分掌し、補佐するものである。

たとえば、財宝性を特徴とする宝生如来には、四方に金剛宝、金剛光、金剛幢、金剛笑という四体の菩薩たちがつき従っているが、彼らは、宝や光などの働きでもって宝生如来の一部門を担当しているのである。

会社にたとえれば、金剛界の四仏たちが、総務部・営業部・人事部・製品部などの各部長であり、その下に十六大菩薩にあたる課長たちが、各自の役割を果たしている。そして中尊の大日如来が、いわば社長であり、金剛界マンダラ全体が、会社組織そのものであるといえよう。

八供養菩薩は、聖なるほとけに対して花や音楽などを捧げる働きを象徴した尊格であって、会社では管理部・厚生部に該当しようか。

四摂菩薩は、マンダラ世界を守る役割があり、古くは四天王の専門職であった。会社では当然ながらガードマンや守衛にあたる。

最後に残ったのは、難しい名前の四波羅蜜菩薩である。これらは、もともとは各四仏とそれ特有の部族（会社では部局）の象徴物（たとえば蓮華や金剛杵）であったが、次第に女性の菩薩として姿・形を整えていった。それが、結果的には中央の大日如来の四方に配されることになるのであるが、彼女たちは、配偶者というよりは、むしろ秘書的役割が顕著である。

金剛界マンダラの三十七尊は、なんと素晴らしいシステム組織であろうか。

内院の四隅に位置する地天・水天・火天・風天の四大神は、中央の大円輪を支え持っているが、原典にあたる『金剛頂経』第一章には説かれておらず、のちに追加された図像である。

最後に、金剛界マンダラの標準形である九会マンダラにもどって全体的に眺めた場合、そこには二種の流れが観察される。その一つは、中央の成身会（この場合は羯磨会と呼ばれる

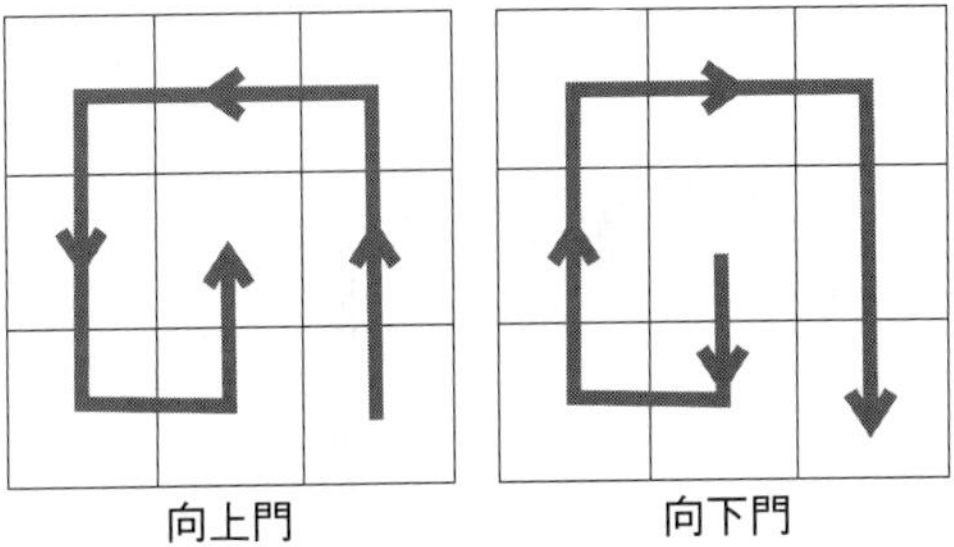

金剛界九会マンダラの思想的流れ

ことが多い）から始まって、三昧耶会・微細会・供養会・四印会・一印会・理趣会・降三世会へと右回りに進み、最後に右下隅の降三世三昧耶会まで展開する向下《こうげ》門と、逆に降三世三昧耶会から左回りに上昇する向上《こうじょう》門である。

　前者は、ほとけによって救われるという救済論的な道程を教義的に説明したものであり、後者は密教の修行によって日常的な俗の世界から、ほとけによって象徴される聖の世界への移行を示している。ここでも順・逆という二様の流れが確認されるが、いずれにしても、マンダラにプロセスは不可欠である。

　金剛界マンダラにも、胎蔵界マンダラにも、このような聖俗の流れが存在しているのであり、マンダラは「さとりの世界のシミュレーション」の役割を果たしているのである。

マンダラにおけるほとけたちの機能

マンダラ上の配置によるほとけたちの役割分担

すでに紹介したように、仏・如来、菩薩、明王、天部などのいくつかのカテゴリーに分類される多様なほとけたちが、密教のパンテオンを形成しているのであるが、それらとは別に、マンダラ構成の面からほとけたちを眺めた時、今度はマンダラ上のどの位置に配されているかによって、ほとけたちにも役割分担があることに気がつく。

私自身の考えだが、それらを試みに分類すると、

1　中尊《ちゅう》
2　眷属尊《けんぞく》
3　配偶尊《はいぐう》
4　供養尊《くよう》
5　護法尊《ごほう》

となる。

ただし、これら五種すべてのほとけを具備するマンダラは比較的まれであり、通常は中尊、眷属尊、護法尊の三種からなる例が多い。

重複の感もあるが、以下、それぞれのほとけたちのグループの特色を要約しておきたい。

中尊

中尊というあまり耳慣れない用語を用いたほとけは、要するにマンダラの中央に位置する中心尊格のことであり、主尊、あるいは本尊という言葉で置き換えることもできる。

中尊となるほとけは、如来・菩薩・明王・天部という伝統的な四分類法を用いれば、如来の比率が最も高いことは事実であるが、いわゆる別尊《べっそん》マンダラとして他の種類のほとけが登場することも少なくない。通常では、中尊の名前をとってそのマンダラの名称とする。

なお、中尊は、原則的に見て一尊であるが、『法華経《ほけきよう》』の「見宝塔品《けんほうとうぼん》」に基づく法華経マンダラでは、その思想にのっとって、釈迦と多宝《たほう》の二如来が中央の宝塔の中に並んで坐している。また、聖天や、インドやチベットの後期密教系のマンダラでは、中央に配偶女尊を抱いた忿怒形の秘密仏が表されることもある。

このほか、東寺講堂の『仁王経』系の立体マンダラは、如来・菩薩・明王という三つのブロックからなっているので、中尊が複数（大日如来・金剛波羅蜜菩薩・不動明王）の複合マンダラと見ることができる。

眷属尊

複数性を前提とするマンダラにおいては、中尊がどんなに強力な尊格であっても、一尊のみでは、マンダラと呼ぶことはない。中尊の「中」たる理由は、他の尊格を従えて、その中央にあることである。そういう意味では、中尊につき従って、しかもその役割を分担して一つのグループを形成する眷属尊というものが大きな役割を果たすことになる。眷属という語は、いささか古い用語で、現在ではあまり用いられないが、要するにファミリーを構成しているものという意味である。映画の「ゴッドファーザー」を思い出していただいたほうが適切かもしれない。

眷属尊の種類やパターンは実に多岐にわたっている。その中でも、最も目につくグループは、二脇侍《きょうじ》からなる三尊形式（三尊仏）と、四方八方から中尊を取り囲む八大菩薩であり、現実のマンダラでも両者のパターンが少なくない。

三尊仏は、中央に根本となるほとけを配し、その左右両側に、中尊の働きと属性を分担し、しかも中尊を守る二尊を配置するのである。有名な釈迦三尊（釈迦如来と文殊・普賢の二菩薩）、阿弥陀三尊（阿弥陀如来と観音・勢至の二菩薩）のほかに、各家庭でまつられている仏壇の御影《みえい》も、宗旨ごとに独特の三尊仏（真言宗の場合、大日如来・不動明王・弘法大師）をとることが多い。

他方の八大菩薩は、日本ではいまひとつ流行しなかったが、観音・金剛手・文殊・普賢・

弥勒・地蔵・虚空蔵・除蓋障《じょがいしょう》という代表的な菩薩たちが強力なグループを形成して、大日如来をはじめ、阿弥陀如来や薬師如来のマンダラ世界を守っている。

眷属尊は、おおむね同クラスの複数尊で構成されているが、変則的な例として、さまざまのヴァラエティを持つ尊格から形成されるケースがある。たとえば、中国の五台山《ごだいさん》の文殊信仰から成立したと思われる、いわゆる渡海文殊のグループは、獅子に坐した文殊を中央にして、善財《ぜんざい》童子・優塡王《うてんおう》・仏陀波利《ぶつだはり》三蔵・最勝老人《さいしょうろうじん》の四人がその周囲を取り囲んでいる。

眷属尊の種類は多数にのぼるが、その代表的なもの（二脇侍・八大菩薩を除く）を、ここに列挙しておきたい。

	〈中尊〉	〈眷属尊〉
(1)	胎蔵界大日如来	胎蔵界四仏
(2)	金剛界大日如来	金剛界四仏
(3)	釈迦如来	十大弟子
(4)	薬師如来	十二神将
(5)	阿弥陀如来	二十五菩薩
(6)	千手観音	二十八部衆
(7)	地蔵菩薩	十王
(8)	普賢菩薩	十羅刹女

(9) 不動明王　　　　二大童子・八大童子
(10) 弁才天　　　　　十五童子（十六童子）

それぞれのほとけは、多くのグループを引きつれてこそ十分な働きをすることができるのである。

配偶尊

わが国の伝統的なマンダラ解釈では、聖なるほとけたちの集会図であるマンダラに、「配偶」、つまり「妻」というあまりにも人間的な発想を持ち込むことは考えもつかなかった。けれども、注意深く胎蔵界マンダラを見るとき、そこに「部母《ぶも》」（グループの母）、あるいは「仏母《ぶつも》」という名称を持った尊格がいることに気づく。教学的には、「部母」や「仏母」という言葉の「母」というニュアンスを強調して、「ほとけたちを出生する存在」の面を打ち出そうとするが、母は父の配偶者であり、実に「部母」は、「部主《ぶしゅ》」（グループの主尊）の配偶尊なのである。

たとえば、胎蔵界マンダラのうち、向かって左側の観音菩薩とそのグループが位置する観音院では、白衣《びゃくえ》、つまり白衣観音が部母と呼ばれている。また、中台八葉院すぐ上の遍知院に坐している仏眼《ぶつげん》というほとけは、仏陀の持つ神秘的な眼を象徴したものであるが、このほとけが如来全体の母（妻）といわれているのである。

そういう意味では、配偶尊は、マンダラの理解のうえで決して無視できない重要な位置を占めている。

供養尊

供養とは、聖なるものに対して、尊敬の念をこめて物などを捧げることであり、初期の仏教では、衣服・飲食物・寝具・薬品という四つの生活必需品を僧尼に差し上げることが主たる供養であった。現在でも、タイやスリランカなどの仏教国では、早朝になると僧侶が街中まで托鉢《たくはつ》にやってくる。そして人びとは、彼らに食べ物や飲み物を捧げ、そのかわりに僧から祝福を受けるのである。

大乗仏教になると、供養するものの内容が広がり、種々の香や瓔珞《ようらく》などの飾りもほとけや僧に捧げるようになる。

マンダラにおいても、この供養の要素が認められるが、とくに有名なものは、すでに触れたように、金剛界マンダラに登場する内・外の各四供養菩薩である。これら八供養菩薩の名称とおのおのの三昧耶形（象徴物）を取り上げると、次のようになる。

(イ)　内の四供養菩薩

(1)　金剛嬉菩薩　　三鈷杵《さんこしょ》

(2)　金剛鬘菩薩　　宝《ほう》の環

(3) 金剛歌菩薩　楽器
(4) 金剛舞菩薩　羯磨杵（十字金剛杵）
(ロ) 外の四供養菩薩
(5) 金剛香菩薩　香炉
(6) 金剛華菩薩　花器
(7) 金剛燈菩薩　燈燭
(8) 金剛塗菩薩　塗香器《ずこうき》

このように、密教では、普通の菩薩の持つ華鬘《けまん》（花輪）や楽器のみならず、歌や踊りまで供養尊として尊格化するのである。

護法尊

マンダラが一種の聖域空間である以上、その聖域性を保つ結界の要素が認められるのは当然である。こうした護法の機能を尊格化したのが、いわゆる護法尊である。なお、ここでいう護法とは、「(仏) 法を護ること」を意味している。

護法尊にも、(1)四天王、(2)四大明王・八大明王、(3)五大明王のうちの二尊、(4)四摂菩薩、(5)八方天・十天・十二天、(6)十忿怒尊などいくつかのパターンがあるが、最も特徴的な四天王と四摂菩薩についてのみ言及しておきたい。

仏教の護法尊の中でも、その信仰が最も古いのは、持国《じこく》・増長《ぞうじょう》・広目《こうもく》・多聞《たもん》の四尊からなる四天王である。これら四天王は、世界の中心である須弥山《しゅみせん》の四方に、以下のように配されて仏教世界を守っている。

(イ)　持国天　東方
(ロ)　増長天　南方
(ハ)　広目天　西方
(ニ)　多聞天　北方

しかしながら、五大明王や十二天など密教色の強い尊格たちが護法尊の地位を占め始めるにつれて、四天王の役割は次第に減少していった。

金剛界マンダラに登場する金剛鉤《こんごうこう》・金剛索《こんごうさく》・金剛鎖《こんごうさ》・金剛鈴《こんごうれい》の四摂菩薩は、教義的には大日如来の徳を摂し集める菩薩というが、比喩としては、魚を捕らえるのにたとえて衆生を導くものと考えられる。すなわち、鉤（かぎ）で引き寄せ、索（なわ）で捕らえ、鎖（くさり）で縛り、そして最後に鈴（すず）で喜ばすのである。このように、防御・護法の意味を持つことは、四摂菩薩が忿怒形の姿をして四方の門に配されるチベット系のマンダラからも明らかであるが、消極的に他の攻撃から守るというよりも、より積極的に相手を引き入れて自分の味方にしようとする態度にこそ、密教の知恵の一端を見出すことができる。

マンダラ・多様なる展開

日本民族の知恵

以前夏休みに家族とともに北陸の社寺を参拝した。その時、三つあるという白山《はくさん》神社のうちで加賀の白山神社にあたる白山比咩《しらやまひめ》神社を訪れ、静かなたたずまいと厳かな雰囲気に心が洗われたような気がした。

宝物館では、白山妙理権現《はくさんみょうりごんげん》を中心とする三神からなる白山三社権現神像を拝観したが、十一面観音が姿をかえたという美しい女神の姿に、仏教と神道の蜜月があったことを改めて再確認したことであった。

仏教に限らず、数ある宗教の中には、みずからの信奉する教えの価値に固執するあまり、他の宗教や思想をまったく認めないか、あるいは無視する傾向を持つものもある。それはそれで一つの立場であろうが、多少ルーズといわれても密教的な発想のしみ込んだ私には、北陸の霊峰白山信仰を表した「白山マンダラ」、同じく越中の名峰立山山系に伝わる地獄・極楽の姿を表した「立山《たてやま》マンダラ」という言葉と美術の中に日本人の知恵が結実しているように思えてならない。

日本の諸マンダラ

密教が絢爛たる大輪の花を咲かせたわが国では、平安時代から現在に至るまで数多くのマンダラが描かれ、華麗な密教文化を生み出してきた。そしてその範囲は、狭義の密教、つまり真言・天台の両宗の枠内にはとどまらず、他の仏教宗派や山岳信仰、さらには神道信仰にも多大の影響を与えている。まさに密教は、日本文化の地下水的役割を果たしており、その代表的表現形態は、さまざまの形でわれわれのまわりに依然として存在している。

さていま、諸尊の集会図という狭義のマンダラに限定した場合でも、数多くの作例を内容に従って分類してゆくと、次のようなマンダラのグループを設けることができる。

1　両部・両界マンダラ
2　別尊マンダラ
3　神道マンダラ
4　浄土マンダラ

まず、「両部・両界マンダラ」とは、日本密教の二大根本経典（両部の大経）の一つである『大日経』に説く胎蔵界マンダラと、もう一方の『金剛頂経』に基づく金剛界マンダラを一対のセットとしたもので、大同元年（八〇六）、空海がそれを初めて持ち帰って以来、日本密教ではまさに金科玉条的意味を持っている。

その詳しい内容と、隠された意味については、すでに紹介したとおりである。

「別尊マンダラ」は、両部・両界マンダラがいずれも大日如来を本尊としているのに対して、原則として大日如来以外の尊格を本尊とし、諸難を取り除く息災《そくさい》や、よい状態を増進させる増益《ぞうやく》などのさまざまの修法《しゆほう》を行なう際の本尊にあたるものとして掛けられることが多い。とりわけ、安産や調伏など種々の修法が大流行した平安時代後半から鎌倉時代にかけて、多くのすぐれた美術品が生み出され、現在まで伝えられている。

密教が栄えたチベット文化圏でも、同様のものが少なからず存在している。

これに対して、「神道マンダラ」はやや性格の異なるものである。この種のマンダラは、わが国古代において、外来のほとけが先住土着の神と巡りあってのち、幾星霜かの反発と和合をくり返した結果、神仏習合の一つの所産として成立したマンダラである。

とくに、神と仏の関係を、仏（真実の本体）、神（仮の表れ）とした本地垂迹《ほんじすいじやく》説の流行は、神道マンダラの発展に大きな影響を与えたのである。

また、「浄土マンダラ」は、マンダラの範囲を狭義に限定すれば、極楽世界を見渡した一種の浄土描写図であって、必ずしも視点を正面に持つ密教マンダラではない。しかし、そこに極楽のほとけ阿弥陀如来をはじめとする多くのほとけたちが集合して一つの完結した世界を形成しているため、最古の極楽浄土図である当麻《たいま》マンダラ、一度他界した僧・智光が見聞した智光《ちこう》マンダラなどのように浄土マンダラの名のもとに親しまれてきた。

これらのマンダラに関して、現存する美術作品を資料としながら、もう少し詳しく説明していきたい。

両部・両界マンダラの伝統

両部・両界マンダラという言葉の意味については、先に説明を加えたが、中国の密教においてこうした一対のマンダラを重視する考えがあったことは、空海のほか、続いて入唐した円珍《えんちん》や宗叡《しゅうえい》などが、それぞれ一そろいの両界マンダラを持ち帰っていることからも疑う余地はない。陰陽など二元論思想に親しむ機会の多かった中国では、むしろ比較的抵抗のない思想であったのであろう。

ところで、十世紀の初めの頃、京都の御室《おむろ》・仁和寺《にんなじ》で密教の研鑽に励んだ真寂法親王（出家した皇子）が、主に胎蔵界マンダラの諸尊の図像学的同異について記した『諸説不同記《しょせつふどうき》』によると、厳密にいえば、胎蔵界マンダラにも大別して三種の系統があり、それらの名称とその請来者《しょうらい》を、

1　現図《げんず》マンダラ　　空海
2　或図《わくず(あるず)》マンダラ　　宗叡
3　山図《さんず》マンダラ　　円珍（もしくは円仁）

とする説が有力である。

その中で「現図マンダラ」は、空海が請来した原本のマンダラや弘仁十二年（八二一）に

新しく描き写された第一転写本は遺存していないが、建久二年《けんきゆう》(一一九一)に著名な絵師宅《たく》間勝賀《ましようが》の筆と推測されるもの(残欠甲本・重文)や、最も新しい江戸時代の元禄転写本(元禄六年=一六九三)が、いずれも東寺に伝わっている。

一方、「或図」と「山図」については、現在東寺に伝わる国宝の通称「伝真言院《でんしんごんいん》マンダラ」(別称「西院本《さいいんほん》マンダラ」)や乙本と呼ばれる永仁七年(一二九九)作の両界マンダラとの関連を推測することも可能であるが、詳しい研究は今後に委ねられている。

したがって、現図系の両界マンダラに限って、代表的な作品とそれらの持つ意味を述べておきたい。

1　紫綾金銀泥絵《しりようきんぎんでいえ》・両界曼荼羅図(国宝)　京都・神護寺蔵

まず、空海と直接かかわる両界マンダラとして現存しているのは、京都洛北の高雄山神護寺に伝来するいわゆる高雄《たかお》マンダラである。このマンダラは、天長年間(八二四〜八三四)に同寺の灌頂堂《かんじようどう》に掛ける目的で新しくつくられたといい、諸尊の配置など、いまはなき空海請来原本や弘仁転写本を忠実に継承している。また彩色ではなく、紫の綾地に金銀泥を用いたものであるが、ゆったりとした表現など唐代画像の趣をよく伝えている。

2　絹本著色《けんぽんちやくしよく》・両界曼荼羅図(国宝)　京都・東寺蔵

彩色本としては現存最古の両界マンダラであるが、縦長の絹地を三枚つなぎ合わせた比較的小幅なものである。寺伝では、国家安穏を祈願する宮中真言院の後七日御修法《ごしちにちみしゆほう》に用いられたマンダラ（伝真言院マンダラ）といい伝えられてきたが、最近の研究によると、同マンダラが真言院で使用されたのは一時期に限られ、むしろ西院本マンダラと称すべきだともいわれている。表現は、鮮やかな色彩を駆使し、円満な相好《そうごう》に濃い隈取《くまどり》（グラディエーション）をほどこすなど、異国的な情緒すら漂わせている。

3　板絵著色・両界曼荼羅図（国宝）　京都・醍醐寺蔵

京都伏見の醍醐寺の五重塔の初層（一階）の心柱《しんばしら》覆板《おおいいた》や四天柱などには、両界マンダラの諸尊が描かれている。全体に剥落が激しいが、諸尊の表情には、比較的濃彩をほどこし、要所に隈取を加えるなど先掲の伝真言院マンダラの顕著な影響がうかがわれる。

心柱の四面のうち、三面に胎蔵界マンダラの、残りの一面に金剛界マンダラの中心尊を配し、金胎両界のマンダラを止揚している。

4　絹本著色・両界曼荼羅図（重文）　京都・東寺蔵

通常の両界マンダラが、密教寺院の壁面に用いる掛けマンダラであるのに対し、このマンダラは、灌頂の儀式に際して、修法の場所となる大壇の上に広げ、その上で花を投げて有縁のほとけ（みずからの守護仏）を得る投花得仏《とうけとくぶつ》を行なう敷《しき》マンダラである。したがって視点が上方にあるので、諸尊は中心に向くように求心的に配置される。また、有縁の尊格を決定しやすくする目的から、金剛界のマンダラは、中央の成身会《じょうじんえ》の一会のみを用いている。

胎蔵界・金剛界マンダラの異図

順序が逆になったが、胎蔵界・金剛界のいずれのマンダラにも、現図系マンダラ以外の異系統のマンダラが少数ながら遺存している。そして、調査の結果、これらのマンダラのほうがインドやチベットに伝わる胎蔵界・金剛界マンダラに近いことが明らかとなった。

まず胎蔵界マンダラの異系統のマンダラとしては、

1　胎蔵図像《たいぞうずぞう》

2　胎蔵旧図様《たいぞうきゆうずよう》

がある。

両者とも智証大師円珍（八一四〜八九一）が中国からもたらしたものであるが、原本は伝わっていない。前者の『胎蔵図像』には、鎌倉時代の転写本（奈良国立博物館蔵・重文）が遺存している。それを見ると、各尊の表現にはインドの官能性が残っており、さらに持物や印相《いんぞう》などの図像表現は、『大日経』よりも以前に訳された菩提流志《ぼだいるし》訳の『不空羂索神変真言経《ふくうけんじやくじんぺんしんごんきよう》』の記述によく符合することが、石田尚豊博士により明らかにされている。

他方の『胎蔵旧図様』にも鎌倉時代の転写本（武藤家蔵、和泉市久保惣記念美術館蔵）が伝わっているが、尊像の表現では、裸形が姿を消し、服装がはっきりと中国風にかわっている。また図像表現では、他系統の金剛界マンダラの要素を大幅に導入している点が特徴的である。

次に、金剛界系の異系統マンダラには、

1　五部心観《ごぶしんかん》

2　八十一尊マンダラ

の二種が知られている。

このうち、『五部心観』は円珍の請来で、原本は大津の園城寺《おんじようじ》に伝存している（国宝）。内容は、九会ではなく、成身会から一印会に至る六会からなっており、現図系よりも原典の『金剛頂経』に忠実といえる。図像的には、金剛界の三十七尊が獅子・象・馬・孔雀・金翅《こんじ》鳥《ちよう》という動物と鳥からなる鳥獣座に坐している点が異なる。

撰者は、『大日経』を漢訳した善無畏《ぜんむい》三蔵といわれ、金剛界マンダラでは最も古様の系統と考えられる。高野山の西南院《さいなんいん》に鎌倉時代の転写本（重文）が伝わっている。

八十一尊マンダラは、一会のみであり、大日如来をはじめとする金剛界三十七尊のほかに、賢劫《げんごう》の十六尊、四大明王などを合わせた計八十一尊からなるのでその名称がある。図像的には、五仏が鳥獣座に乗るなど、現図系よりは、『五部心観』に近い。奈良国立博物館や兵庫・太山寺《たいさんじ》などに絹本著色の優品が伝わっている。

なお、近年、小チベットと呼ばれるラダック地方などで多数発見されている金剛界マンダラは、日本のそれとは少し表現が異なっている。また、経典の記述に忠実な二十八種の金剛界マンダラが、チベットのギャンツェの仏塔の壁面などに描かれていることが報告されている。

別尊マンダラの多様性

特定の尊格を本尊とし、関連する眷属尊、供養尊、護法尊を配置した別尊マンダラは、その尊格を本尊として修法を行なう別尊法の必需品である。

これには、本尊の区別によって、⑴仏部系、⑵菩薩部系、⑶明王部系、⑷天部系という通常の四分類のほかに、特定の経典のマンダラである⑸経部系の別尊マンダラも数多く制作された。

ここでは、多様な経部系別尊マンダラの中でも、とくに平安後期から鎌倉時代にかけて信仰を集めた「尊勝《そんしよう》マンダラ」と「仁王経《にんのうぎよう》マンダラ」、および独特の内容を持つ「星《ほし》マンダラ」という、三種のマンダラを紹介しておきたい。

1　尊勝マンダラ

亡くなった人の生前の罪やさわりを取り除くことを祈願する尊勝法では、善無畏三蔵訳の『尊勝《そんしよう》仏頂《ぶつちよう》修瑜伽《しゆうゆが》法軌儀《ほうきぎ》』に基づいて、大きな月輪の中央に釈迦《しやか》金輪《きんりん》という釈迦如来と大日如来を混合させたような本尊を置き、その周囲に如来の頭頂の持つ神秘的な力を象徴した仏頂尊を八体めぐらしている。

また、下部には、三角形の中に描いた不動明王と、半月形の中に描いた降三世明王を配するが、これらは『大日経』に説く二大明王であるとともに、それぞれ火と風をシンボライズしているという。高野山宝寿院や京都・醍醐寺に鎌倉時代の絹本著色図（いずれも重文）が遺存している。

2　仁王経マンダラ

国家人民の安穏を目的とする『仁王経』には、五世紀初めの伝鳩摩羅什《くまらじゆう》訳（旧訳）と、八世紀の不空《ふくう》訳（新訳）の二訳があるが、前者には五大力菩薩が、後者には五大明王が説かれている。両者を総称して仁王経マンダラというが、京都・醍醐寺や山口・神上寺《じんじようじ》に伝わる仁王経マンダラ（いずれも重文）を見ると、同心形式の方形三重構造の中に、右手に剣、左手に羂索ではなくて宝輪《ほうりん》を持った不動明王を本尊として、第二重にその他の四大明王を、そして第三重に方位を守る帝釈天や水天などの八方天を配し、全体で強力なマンダラ世界を築き上げている。

この仁王経マンダラを本尊として、毎年厳寒の二月二十三日に修されるのが、醍醐寺の「五大力さん」つまり仁王会である。古くは国家の安穏を祈る秘法であった仁王会は、現在では庶民の無事安穏を祈る年中行事となり、五大力尊の大きなお札は、むしろ盗難除けとして民家の玄関を守っているのである。

3　星マンダラ

星マンダラは、最近とくに若い人びととの関心を集めている占星法のマンダラである。古今東西を問わず、人類は星の永遠の輝きに運命の神秘を見てきた。つまり、明日をもわからない人間の運命は、きっと何らかのものと対応しているはずであると考える。その代表が、天空に存在している星である。そして、星宿（星のほとけたち）に禍を転じて福を招くことを祈ったのである。

厳密にいえば、星マンダラにも、大日如来の一種である金輪仏頂《きんりんぶっちょう》を本尊とする「北斗マンダラ」と、北極星を尊格化した妙見菩薩《みょうけんぼさつ》を本尊とする「妙見マンダラ」の二種がある。このうち、北斗マンダラでは、北の夜空にあって人びとの目印となる北斗七星、日曜から土曜の七曜に、日蝕・月蝕を引き起こす羅睺《らごう》、彗星の計都《けいと》を加えた九曜、および太陰暦にあたる二十八宿のほとけたちをマンダラに登場させる。それら全体がわれわれを守ってくれるのである。

妙見菩薩は、北極星をほとけとしたもので、とくに日蓮上人が熱烈な信仰を持っていたことで有名である。関東では柳島の妙見、関西では大阪・能勢《のせ》の妙見が人びとの尊崇を集めている。

ともあれ、われわれの日々の暮らしの吉凶が、星宿の運行と密接にかかわるとすれば、その意味を正しく読みとることが求められる。そのために星供《ほしく》という密教の修法がなされるのであるが、その時の本尊となるのが星マンダラである。

神道マンダラの世界

神と仏の平和共存である神仏習合は、異文化摂取の弾力的な一面を端的に表したものといえる。もちろん、マンダラというものは、仏教、なかでも密教に多く見られる要素であるので、仏教側で神仏習合を推進したのは、主に真言・天台の両宗であった。しかも山岳信仰の要素が濃いため、修験道を代表的に統括していた天台宗寺門《じもん》派の聖護院《しょうごいん》（京都市左京区）と、真言宗醍醐派の三宝院《さんぼういん》（京都市伏見区）がのちには強大な力を発揮するのである。

ところで、一口に神道マンダラといっても、登場する神・仏の内容に従って、次の数種類の範疇に細分することができる。

1　本地《ほんじ》マンダラ（仏像中心）
2　垂迹《すいじゃく》マンダラ（神像中心）
3　本地垂迹マンダラ（仏像・神像併置）
4　宮《みや》マンダラ
5　参詣マンダラ

「本地マンダラ」は、本地仏にあたる仏像を表すマンダラで、紀州の熊野マンダラであれば、白い月輪の中に阿弥陀如来・薬師如来・千手観音などを描く。

これは、本宮《ほんぐう》・新宮《しんぐう》・那智《なち》という熊野三山のそれぞれの本地仏とそれに関係するほとけたちをマンダラ化している。

「垂迹マンダラ」は、神像中心なので、和装、もしくは中国の衣装を着た神を宮殿風の背景の中に表現する。神々の姿には個性が乏しいので、短冊様の名札が付されていることが多い。

「本地垂迹マンダラ」は、両者を総合したもので、仏像と神像がともに登場する。時として梵字の種字を頭の上に併置することもある。比叡山の神とほとけを描いた日吉山王マンダラなどに作例が多い。

広義の神道マンダラとしては、「宮マンダラ」と「参詣マンダラ」を加えることができよう。

宮マンダラは、視点を高くとり、鳥瞰図的に神社の神域を表現する点では社頭図《しゃとうず》の一種といえないこともない。奈良の春日神社や滋賀の日吉神社の宮マンダラがよく知られている。

参詣マンダラは、最も歴史が新しく、宮マンダラの一種ではありながら、多くの参詣人の姿を描くなど、参詣の功徳を宣伝する要素が強い。室町から江戸期にかけて大流行し、那智大社や多賀大社などの有名な神社や、粉河寺《こかわでら》・清水寺《きよみずでら》・施福寺《せふくじ》などの西国三十三所観音霊場の寺々には多くの参詣マンダラが伝わっている。

いずれにしても、神道マンダラは、庶民の土着的な信仰が生み出した知恵の所産といえるだろう。

浄土マンダラ

最後の「浄土マンダラ」は、先述のように、阿弥陀如来のいる極楽浄土の世界を画面いっぱいに表現したものである。いつの頃からか代表的な浄土図を三つ合わせて「浄土三曼荼羅」と呼ぶようになった。三つとは、奈良時代に奈良県・元興寺《がんごうじ》の僧智光《ちこう》が感得した智光曼荼羅、天平宝字七年（七六三）の銘があったという奈良県・当麻寺《たいまでら》の当麻曼荼羅、長徳二年（九九六）に仏教僧の清海《せいかい》が感得した清海曼荼羅である。

なかでも最も有名なのは、ぼたんの寺、当麻寺に伝わる当麻曼荼羅で、原本は天平時代（あるいは唐時代）に制作された「つづれ織り」という特異な手法を用いている。阿弥陀如来の極楽世界に加えて、『観無量寿経《かんむりょうじゅきょう》』に説く阿闍世《あじゃせ》王《おう》の回心物語や九種類の往生（九品往生）を説くなどマンダラ的要素をも拡大させている。

このような浄土の描写図をも「マンダラ」と呼ぶところに、マンダラが日本文化の奥深く浸透した事実をうかがい知ることができよう。

アジアのマンダラ世界

アジアに広がったマンダラの輪

先に、わが国において流行したマンダラの種々相を広い視野から紹介し、日本の文化の至るところに根を下ろしたマンダラの姿を明らかにしたが、およそ密教の伝わったところには必ずマンダラも伝わったはずである。

ところが、各地域の宗教的および政治的な背景もあって、密教がすでに消滅してしまった地域もある。

また、密教そのものが非常に複雑で、しかも神秘的な要素が色濃いこともあって、専門的にそれらの痕跡を探す作業も、ほとんど行なわれなかったといっても過言ではない。

そのような厳しい状況の中にあって、無視できない重要な成果をあげたのが、故佐和隆研博士である。日本の密教美術研究の分野でも多大の貢献をされた佐和博士は、早くからアジア各地の密教系遺品に注目し、インド・インドネシア・中国などアジア各地の調査を実施した。

その結果、東インド・オリッサ州では、ラトナギリ遺跡を中心に多数の密教系尊像の出土を報告し、また、インドネシアのボロブドゥールとその周辺地域の寺院の調査でも有意義な報告書を刊行している。

さらに一九六〇年代からは、宮坂宥勝、金岡秀友、松長有慶など著名な密教学者によるインド、ネパール、ラダックなど関連地域の現地調査が積極的に推進され、密教の研究も新しい段階に入ったのである。

私も機会に恵まれ、一九七七年から八年間にわたって、北西インドのラダック地方、東インドのオリッサ州とビハール州の両地方、および中国山西省の五台山、および河北省の承徳《しょうとく》(旧名、熱河)などの現地調査を行なうことができたのは幸いであった。

また、一九八八年に訪れた中国の南西部、つまり四川省の大足石刻《だいそくせっこく》(石窟)でも、孔雀明王像や兜跋《とばつ》毘沙門天像など興味深い密教像に巡りあえたことをうれしく思っている。

それらの調査の成果を基礎資料として、ここでは、アジアの各地にいまもなお伝わるマンダラの世界を再現したいと思う。

インドに残る特殊なマンダラ

密教の生まれ故郷インドでは、経典によると、一部に布製のマンダラがあったことは否定できないが、大勢においては、灌頂《かんじょう》や護摩《ごま》などの儀式に用いられる土壇《どだん》マンダラが主流を占めていた。土壇マンダラとは、地面そのもの、あるいは地面に土を盛り上げて方形の土壇をつくり、壇上に色粉で描くマンダラであり、経典の規定にのっとって、野外での修法が終われば土壇ごと破棄される運命にあった。そのため、これまでインドには、マンダラはまったく残されていないと定説化されていたのである。

ところで、私の所属する京都の種智院大学では、一九七八年から北西インドのラダック地方や東インドのオリッサ州などに現地調査団を派遣し、各地に遺存する密教系の遺跡や遺品の総合調査を実施してきた。その結果、幸いにも、オリッサ州や隣接するビハール州から、これまでインドには遺存していないといわれてきた種字（陀羅尼を含む）・象徴物・立体の三種のマンダラを発見することができたのである。まさに大日如来のお導きといえるかもしれない。

これら三種のマンダラは、いずれもこわれやすい土壇マンダラではなく、石像の背面に彫られた線刻マンダラや、石像を配列して一つの聖なる空間を構築するという立体マンダラであったために、一千年以上にわたる沈黙の歴史を耐えしのんできたのである。

時代的に最も古い金剛界の立体マンダラから紹介すると、われわれはオリッサ州のラトナギリ僧院遺跡と、近接する旧都ジャジプル（八世紀から十世紀にかけて栄え、仏教を信奉したバウマカラ王朝の首都）で、背板に左右各二体、計四体の小さな菩薩像を浮き彫りにした石造りの如来像を六例見出すことができた。

六体は、いずれも高さ約一メートル、幅約七〇センチの石板を高浮き彫りにしている。加えて、ジャジプル所在の二体は、二十世紀初めに考古学関係者の手によって、ラトナギリから移送された記録が残っており、六体すべてがラトナギリ遺跡から出土したものである。

六体の石像を調査した結果、各像の背後左右に小さく彫り起こされている菩薩たちが、右手を伸ばして地面につける触地印《しょくちいん》の阿閦《あしゅく》如来を取り囲む、金剛薩埵、金剛王、金剛愛、金剛喜の四菩薩と、両の手のひらを組み合わせる禅定印をとる阿弥陀如来を取り囲む、金剛法、金剛利、金剛因、金剛語の四菩薩であることが判明した。これらは四親近《ししんごん》菩薩と呼ばれ、金剛界マンダラに登場する他の二如来、つまり宝生如来と不空成就如来につき従う各四菩薩と合わせて十六大菩薩を形成している。日本の金剛界マンダラでは、四仏、十六大菩薩の両者は、五解脱輪《ごげだつりん》と呼ばれる月輪《がちりん》の中に描かれているが、それらと比較して、持物や印相《いんぞう》（手の姿）は、大部分が一致している。

さらに、ラトナギリ近辺の仏教寺院遺跡ウダヤギリのレンガ造りの仏塔の四方に、東から順に触地印阿閦如来、与願印《よがんいん》宝生如来、定印《じょういん》阿弥陀如来、定印胎蔵大日如来の石像がはめ込まれていること、および前述の六体の如来像と同じサイズの金剛波羅蜜菩薩と推定される女尊の石像が、同じラトナギリ遺跡から出土していることを総合すると、同地方では、塔全体を中尊大日如来を象徴する金剛界マンダラと考え、その四方（もしくは二方）に金剛界四仏や十六大菩薩、さらには四波羅蜜菩薩を配置して、全体で壮大なる立体マンダラを築き上げていたものと思われる。

このことは、マンダラのシンボリズムの中に見られる円形構造や門楼（城門）構造が、インド古来の仏塔の概念を継承していること、また現在でもネパールなどで仏塔の四方龕《がん》（四方につくられた小空間）、五方龕に、阿閦、阿弥陀などの四仏、五仏の像を納めていることからも明らかである。

このほか、同じラトナギリ遺跡からは、わが国の七福神の一つである布袋《ほてい》尊とも無関係ではないと思われるジャンバラ尊とその配偶女尊ヴァスダーラー（日本では持世《じせ》菩薩）の線刻種字マンダラ（尊名と真言と種字を表現したもの）が発見された。これは、石板に線で彫ったものなので、拓本でしか紹介できないが、やはり探せばあるものである。

また、『西遊記《さいゆうき》』の三蔵法師のモデルとなった玄奘《げんじょう》三蔵も勉学に励んだインド中部のナーランダー寺院遺跡からは、小型仏塔の周囲に金剛界四仏（もしくは四波羅蜜菩薩）の三昧耶《さんまや》形《ぎょう》（金剛杵や蓮華などのシンボル）を彫り出した一種のマンダラも見出すことができる。これも中村涼應氏の尽力によって拓本が紹介されている。

このように、インド現存のマンダラは、日本のものよりはるかに素朴でオリジナルな形態をとっていたのであって、日本の密教寺院のマンダラと同じもの（掛けマンダラ）という先入観だけではなかなか見出しにくい。

中国のマンダラ

中国のマンダラという場合、二様の考え方が可能である。第一は、現存はしていないが、かつて唐代を中心に栄えたマンダラであり、これらは、最澄、空海、円仁、円珍などいわゆる入唐僧の請来目録、あるいは円仁、円珍、そして宋代に中国に渡った京都・岩倉大雲寺の成尋《じょうじん》（一〇一一～一〇八一）などの中国滞在記録からある程度復元することができる。

しかしながら、現存するマンダラとなると、事情は一変し、日本密教と直接関連する唐代から宋代の遺品は、後述の敦煌出土のもの、および日本に伝わっている園城寺（三井寺）の

『五部心観《ごぶしんかん》』や京都・地蔵院の板彫マンダラなどを除くと、比較的少ない。

その中で、近年、陝西省の法門寺の地下宮殿から二種の金剛界の立体マンダラが発見されたことは画期的である。

これに対し、チベット系仏教、俗にいうラマ教系のマンダラは、黄廟《おうびょう》というチベット系寺院を中心に少なからぬ例を見出すことができる。たとえば、文殊菩薩の聖地として有名な山西省五台山の塔院寺の大白塔は、一種の立体マンダラといえるし、かつて熱河と呼ばれた河北省承徳の清朝建立の八つのラマ教寺院の中には、後期密教系のサンヴァラ（上楽尊《じょうらくそん》）の歓喜仏の法壇城《ほうだんじょう》（立体マンダラ）が現存している。

さらに、忘れてはならないのは、北京近郊の万里の長城の拠点八達嶺《はったつれい》に近い関所である居《きょ》庸関《ようかん》の天井に浮き彫りされている五種のマンダラであり、日本には伝わらなかった『悪趣清《あくしゅしょう》浄軌《じょうき》』などのマンダラは、チベット密教を理解するうえで重要な資料となろう。居庸関は、万里の長城の観光の時に、ガイドに頼めば容易に見学できるので、ぜひお勧めしておきたい。

敦煌出土のマンダラ

中央アジアにおける仏教美術の宝庫である敦煌の遺品の中にも、注意深く探せば、幾点かの興味深いマンダラ資料を見出すことができる。

たとえば、敦煌文献研究の草分けにあたるA・スタインの収集資料で、現在インドのニューデリーの国立博物館に収蔵されている金剛薩埵《こんごうさった》などの小画像は、金剛界マンダラの四印会と推測されている。また、近年、田中公明氏によって紹介されている観音、とくに不空羂索観音系の別尊マンダラも貴重である。

また、大随求《だいずいぐ》陀羅尼《だらに》輪《りん》マンダラ（本尊、大随求菩薩）や観世音千転陀羅尼輪マンダラ（本尊、観音菩薩）のように、特定の尊像を中心に、周囲にその陀羅尼《だらに》を配した木版画のマンダラも相当数遺存している。これらは、携帯することによって除災招福の利益がある護符の意味を持ったマンダラとして興味深い。

チベットのマンダラ

最後に、マンダラの宝庫であるチベットのマンダラについて触れておく必要があろう。もっとも、ここでいう「チベット」とは、ラサを州都とする中国チベット自治区のみではなく、ネパール、ブータン、ラダックなどチベット仏教がいまも人びとの熱烈な信仰に支えられているヒマラヤ文化圏を含む広義のチベットの意味で使用したい。

この地域は、日本とともに密教が現在も生き続けているために、マンダラの造形表現、および表現される内容も非常に幅広く、多岐にわたっている。さらに近年では、チベット自治区の西端の阿里《あり》地域から時代的にも溯るマンダラ資料が数多く報告されている。

ヒマラヤの密教の世界に立って、どのような表現形態のマンダラが見られるかといえば、

(1)　壁画のマンダラ
(2)　掛軸（タンカ）のマンダラ
(3)　木版画のマンダラ
(4)　土壇のマンダラ
(5)　塑像などによる立体マンダラ

などのジャンルをあげることができる。

まず、純白の壁面に描かれる壁画のマンダラは、寺院の内部、とくに左右の両壁面を中心に描かれることが多い。なかでも西チベットのラダック地方の古刹アルチ寺院の三層堂、あるいは中央チベットのギャンツェ寺院大仏塔は、壁面が無数のマンダラで満たされており、われわれを無限の神秘の世界にいざなう。

第二の、チベット独特の掛軸様の仏画は、一般にタンカと呼ばれる。タンカは、主として修行者の瞑想と礼拝に用いられるため、描かれるほとけは、各僧が選んだ守護尊《しゅごそん》（守り仏）が圧倒的に多い。とはいえ、聖域空間をわれわれの眼前に表し出すマンダラも有力なモチーフであり、優品も少なくない。

第三の木版画マンダラは、タンカのマンダラの簡易版と考えられ、版木に起こされたマンダラを刷って多くの人びとの需要にあてる。細部の表現が不鮮明になりやすい難点もある

ラダック・アルチ寺院のマンダラ。金剛界三昧耶マンダラ

が、同一の版木から多数のマンダラをつくることが可能となる。

第四の土壇マンダラは、地面に日干しレンガを積み、表面を泥土で固めた上に、色粉で主に象徴マンダラを描くものであり、インドのマンダラの直輸入である。これこそが最も生きたマンダラであるが、修法ののちには惜しげもなく破壊して、その砂を川に流すという。近年、わが国でもチベット僧を招聘して、数日かけて見事な砂絵マンダラを作成し、それにプラスティック剤を混入して半永久化したものが、成田山新勝寺、大阪の辯天宗《べんてんしゅう》などで所蔵されている。

第五の立体マンダラは、塑像や金銅仏を配列して三次元的マンダラを現出するものである。十二、三世紀に溯る塑像の金剛界立体マンダラが、先述のアルチ寺院の大日堂などに見られる。また、高野山大学や成田山仏教研究所が現地調査した北部インドのスピティ地方のタボ寺院の金剛界立体マンダラも、趣向をこらした立体マンダラである。

チベットのマンダラの内容

インドの密教を最後まで忠実に受け容れたチベットでは、所作《しょさ》・行儀《ぎょうぎ》・瑜伽《ゆが》・無上瑜伽《むじょうゆが》という四種の密教の発達段階に関するすべてのマンダラを保存している。この点、後期密教にあたる無上瑜伽密教を知らない日本の密教、およびそのマンダラとは事情が根本的に異なっている。逆に、チベットのマンダラが理解しにくい最大の理由はそこにあるといえる。

チベットのマンダラで主流を形成するのは、やはり瑜伽密教と無上瑜伽密教の両クラスのマンダラである。前者には、『初会金剛頂経《しょえこんごうちょうきょう》』とも別称される『真実摂経《しんじつしょうきょう》』と、それから展開した『悪趣清浄軌《あくしゅしょうじょうき》』などがある。

狭義の『金剛頂経』にあたる『真実摂経』のマンダラは、ラダックのアルチ寺院に多く遺存しているが、九つの部分からなる日本の九会マンダラと異なって、原則的に一会のみであり、しかも中尊の大日如来が四面を持ち、獅子座に乗っている。他の四仏も、それぞれ以下のように鳥獣に坐すが、これらの点は、わが国では少数派の八十一尊マンダラなどに近いといえる。

〈尊名〉如来	〈座〉
大日如来	獅子
阿閦如来	象
宝生如来	馬
阿弥陀如来	孔雀
不空成就如来	金翅鳥《こんじちょう》

これらの五種の動物と鳥のうち、まず獅子は百獣の王であって、釈尊をはじめ仏・如来を獅子で表すことが多い。象も、力を象徴する有力な動物であって、東方の阿閦如来とは関係が深い。馬は、その旺盛な食欲と軽快性から財宝と結びつけられる。阿弥陀如来と孔雀は、

極楽浄土のイメージがあるのかもしれないが、孔雀自身には、害虫や毒蛇を取り除く威力のあることは、孔雀明王からも明らかである。金翅鳥は、神話上の鳥であるが、やはり蛇の天敵であり、南アジアでは鳥類の王として人気が高い。インドネシアのガルーダ航空の名前は、この鳥に由来している。

『悪趣清浄軌』は、地獄・餓鬼《がき》など好ましくない生存に輪廻することから免れたいと祈願する経典で、具体性を好むチベットでは葬式用の経典として大流行した。

この経典は、日本にはまったく影響を与えなかったが、アジアのマンダラでは比較的信仰を集めていたようである。

忿怒尊で、しかも歓喜仏を原則とする無上瑜伽密教では、『秘密集会《ひみつしゅうえ》タントラ』と『ヘーヴァジュラ・タントラ』のマンダラが多く表現された。また、偉大な仏教改革者といわれるツォンカパ（一三五七〜一四一九）の開いたゲルク派では、グヒヤサマージャ（秘密集会）・サンヴァラ（上楽《じょうらく》）・ヤマーンタカ（大威徳《だいいとく》）という三種のマンダラを神聖視している。

ともあれ、チベットのマンダラは、日本のものよりもはるかに幅が広く、詳しい研究は今後に委ねられている。

VI　現代と密教的宇宙

密教の特徴

これまで、さまざまの視点から多角的に紹介してきたことによって明らかなように、密教は、単一透明でただ一つの中心軸だけですべてを価値判断する世界ではなく、異質的・矛盾的要素すら内包した実に有機的な世界であるといえる。

そこで、本書をとじるにあたって、密教といわれるものの全体的特徴をもう一度再確認し、その意義を問うとともに、二十一世紀の現代にあって、密教が何か貢献する点があるかどうかを、もう一度検討してみたいと思う。

そこで、これまでの紹介の中で、共通的な項目として抽出されたいくつかの密教の特徴点を列挙すると、次のようである。

1　総合性
2　宇宙性
3　芸術性
4　体験性

以下、もう少し具体的な例を引きながら考察してみよう。

総合性

密教の数ある特徴の中で、やはり最初に取り上げねばならないのは、総合性という特色であろう。この総合性についても、いくつかのアプローチが可能であるが、日本密教の代表者である弘法大師空海の思想傾向が最も端的にそれを示しているといえる。

空海の思想とその現代的意義については、すでに密教の思想全体を紹介したところで触れたが、他の教えや価値体系を決して排斥して棄てさるのではなく、みずからの大きな体系の中に取り入れて積極的に位置を与える傾向が強い。

その代表的な例は、空海がすでに五十七歳の晩年を迎えた天長七年（八三〇）に、時の淳《じゅん》和《な》天皇（天長皇帝）の命を受けて、真言密教の中心教理を表明した『秘密曼荼羅《ひみつまんだら》十住心論《じゅうじゅうしんろん》』（略称『十住心論』）とそのダイジェスト版といわれる『秘蔵宝鑰《ひぞうほうやく》』に説かれる十住心の体系である。

その内容と各住心の概要を説明すると、次のようになる。

第一住心	異生羝羊心《いしょうていよう》	宗教以前の世界	世間一般の思想
第二住心	愚童持斎心《ぐどうじさい》	倫理的宗教	
第三住心	嬰童無畏心《ようどうむい》	救済的宗教	

第四住心　唯蘊無《ゆいうんむ》我《が》心　声聞《しょうもん》の教え
第五住心　抜業因種心《ばつごういんじゅ》　縁覚《えんがく》の教え｝小乗仏教（現在でいう上座部仏教）
第六住心　他縁大乗心《たえんだいじょう》　法相宗《ほっそう》
第七住心　覚心不生心《かくしんふしょう》　三論宗《さんろん》｝低次の大乗仏教
第八住心　一道無《いちどうむ》為《い》心　天台宗《てんだい》
第九住心　極無《ごくむ》自性《じしょう》心　華《け》厳《ごん》宗｝高次の大乗仏教
第十住心　秘密荘厳心《ひみつしょうごん》　真言宗　密教

われわれの心の中で、まず最も低次元の段階は、あたかも雄の山羊のように、食欲と性欲という本能のみで生きることをさす。最近の一部の若者たちを見ていると、残念ながらその感が強いことは否めない。

第二段階になると、いたずら好きな子供が、親から注意されたことだけは守るように、ともかく「悪いことはしない」という点では倫理的な生活をする。空海の時代では、親に孝、君（主）に忠を説く儒教がこの立場を代表していた。

第三段階は、幼児が母親の胸で安心して眠っているように、何かの宗教に心のやすらぎを見出して落ち着いている状態である。インドの生天《しょうてん》思想（天国に生まれる）もこの段階に属する。普通の人なら、以上の三つのクラスのどれかにあたることになる。

ところが、仏教に目覚めると、世界が異なって見えてくる。仏教の中でも最も素朴な教えでは、われわれ人間には永遠不滅の自我というものはないが、存在そのものには固有の本性があると考えると楽であるとされる。第四段階では、小乗仏教とも呼ばれてきた初期仏教の中で、苦諦《くたい》（あらゆるものは苦である）・集諦《じったい》（その原因は欲望にある）・滅諦《めったい》（欲望を取り除くことが必要である）・道諦《どうたい》（それには八つの正しい行為がある）からなる四聖諦《ししようたい》が説かれ、それは釈尊の直接の弟子（声聞）の教えとされる。

第五の住心も、いわゆる小乗仏教の教えであるが、独力でさとりを開いた独覚《どっかく》、もしくは縁覚の世界である。具体的には、根本的な無知（無明《むみよう》）から始まって、最終的には老死に至る十二の連環（十二因縁）を説いている。

第六住心以上は、大乗仏教にあたる。その中で、第六の他縁大乗心は、あらゆるものに対する無限の慈悲を示す。ここでは、唯識《ゆいしき》思想を説く法相宗の教えにのっとり、存在するものには固有の本性がなく、心のみが存在することを知るのである。

第七の段階は、不生不滅の縁起を旗印とする中観《ちゆうがん》派の空の哲学を説くもので、心のみ残っていたそれすらも、高次の立場からは無自性で空であるとする。南都六宗の一つであった三論宗にあたる。インドやチベットの大乗仏教の教えでは、このレヴェルが高位に置かれる。

第八住心は、宗派でいえば、法華天台の教えをさす。ここでは、空の哲学を踏まえたうえでみずからの心を正しく知ることの必要性を説く。

長かった十住心の道のりもいよいよ第九段階にさしかかった。この住心は、華厳宗に相当し、深遠かつ気宇壮大な『華厳経《けごんきよう》』の所説に基づいている。すなわち、あたかも万華鏡の世界のように、いっさいの存在は相互に幾重にも妨げなく（重々無礙《じゆうじゆうむげ》）融合しあっている。このような構造形態は、密教のマンダラ世界と類似したところがあり、『華厳経』の盧舎那《るしやな》仏《ぶつ》と密教の毘盧遮那《びるしやな》（大日）如来も密接な関連を持っている。

最後の秘密荘厳心は、段階からいえば最高次元である。そこでは、密教の教えのもとに、あらゆるものの価値が再び積極的に肯定されるのである。荘厳とは、狭い意味では「飾り立てる」ことであるが、存在の喜びを謳歌することにほかならない。近年よく使われている言葉でいえば、「生かせ命」ということになろうか。

これらは、浅い意味では、前から後の段階に順に上昇していき、最後に最高の密教に至るとする。伝統的には九顕一密《くけんいちみつ》と呼び、前の九つの教えは、超克されるべき顕教であるとする。

一方、深い意味では、たとえ中間的な段階にある教えであっても、見方をかえれば、広大な密教の世界の中にそれ自身の場所を与えられていると考える。これを九顕十密《くけんじゆうみつ》という。

このような発想は、マンダラの中に描かれているほとけの中には、もともと異教の神々で、しかも仏教に敵対するものがあったのに、それが立場をかえて仏教に味方するものとして摂取され、有効に働いていることとも無関係ではない。

以上のように、唯一の座標軸や価値観に固執するのではなく、たとえば、高い見晴らしのよいところに上れば、展望が開けて遠くまで見通すことができるように、みずからの視点をより高次な立場から普遍化することによって、できるだけ多くのものを余りなく、しかもそれぞれの役割を与えて総合的に包括しようとするのは、密教の第一の特徴といえるだろう。

こうした点においては、空海自身の人間性ともかかわるところが少なくない。空海の並外れた行動力と交際範囲に対しては、相手をじらしたり、自分を高く売りつけようとするなど、あたかも彼が社交的な駆け引きの達人であって、一種の政治家であったのではと推測する見方が少なくない。確かに人間関係に敏感であったことも否定できないが、それも「不必要なものは一つもない」とする彼の密教的・マンダラ的人生観の自然な現れであったとみるべきだろう。

つまり、計算したというよりは、結果的にそうなったと考えるほうが妥当であろう。

宇宙性

第二の特徴は、仮に宇宙性、最近の言葉ではコスモス性と呼んでおきたい。聞くところによると、アメリカの宇宙飛行士の中でかなりの人びとは、その宇宙飛行の体験の中で、何か無限なるものに触れたという実感を味わうという。

確かに、いまいる地球から遠く離れて、別の次元のようなところから地球を眺めた時、それまでとはまったく違ったコスモスを知ることになる。

われわれは、普段の日常生活において、いわば同次元的な関係に終始している。時には素晴らしい音楽を聴き、あるいは印象深い名画を見て、身体全体がジーンとしびれるような感銘を受けることもあろうが、心と身体を含めたみずからの全存在が異質なもの、換言すれば聖なるものとの触れあいを感じる機会は比較的少ないといわねばならない。

ＵＦＯに象徴される未知なるものとの遭遇に期待が高まるのも、そのようなものに対する潜在的な欲求があるからではないだろうか。

ところが、すでに最初にも紹介したように、密教の基本構造は、異次元ともいうべき聖なる境地を、われわれの心と身体を総合止揚した、いわばトータルの存在として感得することにある。現代人は、同次元のレヴェル、つまり、われわれの目や耳や鼻などの感覚器官でとらえうる世界では、科学という強力な武器によって多くの分野を開拓してきた。しかし、次元の異なるものを素直に感じとる能力は、仏教の用語でいえば、余計な概念区別作用に束縛された分別によって、むしろ曇っていったと考えることもできる。われわれは、古代人のように素直に神を実感することが困難になっている。

インドの体系化された密教では、われわれを包み込む大宇宙と、身体存在に象徴される小宇宙との一体化を瑜伽《ゆが》（ヨーガ）と呼んだ。また日本密教の教義では、この実在世界をトータルなものとして象徴する大日如来が厳然としてあり、またわれわれ修行者は、みずからを密教的修行者である金剛薩埵《こんごうさった》であると感じ、両者の相即《そうそく》を実感する。これを専門用語では、

「入我我入《にゅうががにゅう》」もしくは「即身成仏」と称している。そして、大日如来に象徴される宇宙性を、「いのち」と呼んだのである。

こうした宇宙性、あるいは異次元性は、決して論理的に把握されるものではなく、むしろ精神のポテンシャリティーを有効に発揮することによって、直感的に実現されるものであろう。赤・青・黄の交通信号など、限られた約束ごとしか示せない記号（サイン）にかわって、無限の可能性を秘めた象徴（シンボル）が注目されるのも、垂直構造に示される異次元性のためであろう。

密教は、同一次元の関係・構造にも深く注目するが、それにとどまらず、異次元に常にアンテナをはり、チャンネルを開くのも大きな特色である。

芸術性

密教、とくにその代表的表現形態であるマンダラが、近年とくに画家、デザイナー、写真家、染織家などの人びとに熱いまなざしをもって迎えられていることは、最初にも取り上げたとおりである。これは、密教が聖なる世界を象徴的に把握するために、われわれの生身の感覚や直感をむしろ有効に利用することを目指しているからである。

すなわち、人間の情念や感覚を極力しずめる方向へ向かうのではなく、逆にわれわれが本来そなえ持っている表現能力を最大限に発揮することを目指すのである。フルパワーの境地に至れば、これほど素晴らしいことはない。したがって、色も形も音も、すべて聖なる世界の表現そのものである。密教の美術は、まさに総天然色の世界、光と音のシンフォニーなのである。

密教が、他の仏教に対して、絵画、彫刻、書道、工芸などのあらゆる分野において、より豊富な内容を持ち、しかも積極的な意味を与えているのも決して不思議ではない。また、梵字のように、インドに直結し、しかも非常に象徴的機能が強いジャンルが認められるのも、密教ならばこそといえよう。

芸術性の面でも、そのエッセンスはマンダラである。マンダラは、聖なる空間の人為的現出であるが、人類が共通して基盤に持つその象徴機能によって、言語、思想、宗教を超えて広く、しかも強く訴えるものがある。ましてや、素晴らしい色や光によって織りなされたマンダラは、密教的な教義を離れて、われわれの魂の奥底を強く揺さぶるのである。CGやレーザー光線によるハイテク・マンダラが、東京をはじめ全国各地に広がりつつあるが、こうしたニュータイプのマンダラが、新しい聖域世界の現出を可能にする一つの媒体となることを願うものである。

なお、新しい分野からの密教の芸術性に対する関心が高まるとともに、伝統密教の内部からも、密教の思想・教義や実践を踏まえた若手の仏画師、彫刻師、そして梵書家が現れ始めたことは非常に意義あることである。

密教のある部分は、確かに長年の修行を積んだプロともいうべき僧侶の世界ではあるが、適切な指導を得た人びとが、直接的に参加できるところに魅力があるのである。

体験性

すでに触れたように、西欧諸国を中心に顕著に見られた密教への関心は、その直接体験性にあるといえる。信仰や信心を拠り所とする宗教では、体験によってそれを深めていくことがないではないが、一定の修行プロセスを設定して、それを実際に追体験する必要は、必ずしも多くない。

逆に、密教のように、聖と俗という垂直的なつながりを基本とする宗教では、心と身体を総合した全身的な修行を通して、換言すれば、カオス的聖俗合一の体験を通して、結果としてコスモス的世界に到るのであり、こうした瑜伽体験こそが密教の眼目であるといっても過言ではない。

つまり、教理や知識が先にあるのではなく、ほとけをみずからの内に感じとる実感があってこそ、密教の思想・教理ができ上がるのである。

したがって、インドでも、チベットでも、そして日本でも、さまざまな修行体系が構築されてきた。『大日経』に説く五つの存在要素（地・水・火・風・空）をわれわれの小宇宙たる身体に観念的に配置する五字厳身観《ごじごんしんかん》、あるいは、われわれの心を清らかな満月と観じ、その中に堅固さを象徴する金剛杵《こんごうしょ》を思い浮かべて、最終的にわれわれがマンダラ全体を象徴するほとけにほかならないと達観する五相成身観《ごそうじょうじんかん》もある。このうち、五字厳身観では、われわれの身体に、次のような諸要素を配置し、大宇宙と小宇宙との合一を体験する。

〈五字〉	〈五要素〉	〈五部分〉
ア（a）	地	下腹
ヴァ（va）	水	臍《へそ》
ラ（ra）	火	心臓
カ（ha）	風	額《ひたい》
キャ（kha）	空	頂上

また、誰でもできる密教瞑想法としては、阿字観《あじかん》がよく知られている。この詳細については、先に触れておいた。

このような一つのシステムを利用して、聖なる世界のシミュレーションを実現しようとすることも、密教が興味を持たれる理由の一つであろう。

ともかく、密教は身体と心が一体に融けあった生命の世界であるから、直接味わってこそ、その本来の良さを何倍にも実感することができるのである。

密教と現代

密教の特徴を、とくに強み・利点を中心に長々と紹介してきた。最後に一つお断りしておかねばならないのは、私は決して密教が万能であり、オールマイティーだといっているのではない。私は宗教者の一人だが、学究の徒でもあるため、どうやらカリスマにはなれないようだ。他のものはまったくだめで、自分の考えだけが絶対正しいとはいえないタイプである。したがって、少し迫力を欠くが、率直なところを述べると、何事にも長所があれば、その反面となる短所も必然的につき従うものである。

密教の弱みにあたるものを一、二点述べておくと、思想的には、常に聖俗の緊張関係を意識しているが、主眼点が聖の世界、つまりほとけの世界にあるため、ややもすれば、悪・罪・死などのわれわれのまわりに数多く存在している否定的要素に対して、関心が二義的になることがある。最近にわかに議論が高まった脳死や生命倫理などの問題についても、伝統的密教の反映や対応はやや出遅れの感がないわけではない。

また、社会の中でとらえた時、全体の総合・調和を第一としやすいため、環境破壊、人権侵害などの社会的矛盾に対して、いささか発想が遅れることなどがあげられる。

とくに環境の問題に限っていえば、大気汚染、水質汚濁という従来からの問題に加えて、温暖化、酸性雨、オゾンホールなどの新しい危険な傾向も顕著になっており、地球、いや宇宙全体の未来が問われているのである。

すでにくり返し触れてきたように、密教は大宇宙とわれわれ小宇宙の一体感を重視するものである。ところが、肝心の大宇宙を象徴する地・水・空などの重要な要素に異変が生じつつある。そのことをより深刻に受けとめ、警告を発するとともに、具体的な行動を起こす必要が求められている。

もっとも、こうした分野においても、遅まきながら取り組みが生じつつあるので、今後の成果を期待したい。

しかしながら、このような弱点面を差し引いても、現代のように価値観が多元化し、唯一絶対の座標軸では規定しにくい時代、しかも同一次元の関係論のみに熱中して、心の自由性が希薄になっている時代には、より高次の立場からあらゆるものを活かし、そして何よりもわれわれの生命の燃焼を基本とする密教と、その代表的なシンボルであるマンダラの意義を、再考してみることが必要ではないだろうか。

密教史略年表

西暦	インド（チベットを含む）	中国（西域・朝鮮半島を含む）	日本
前一五〇〇～前一二〇〇	アーリア人、インドへ侵入		
前五～前四世紀	ブッダ（仏陀）没…諸説あり		
前二六八	アショーカ王の即位		
前一世紀頃	大乗仏教運動起こる		
一世紀頃	仏像の成立	仏教、中国に伝わる	
三～四世紀	初期陀羅尼経典の成立		
四世紀頃	『金光明経』の成立	西域の仏図澄、洛陽に入る	
四〇一		鳩摩羅什、長安で翻訳に従事	
五世紀頃	『陀羅尼集経』の成立		
六世紀前半	オリッサ・ラトナギリ寺院建立か		仏教、百済より伝わる
六一八		唐、建国	
六二二			聖徳太子没すと伝える
六二九	玄奘、渡印		
六四五			大化改新
七世紀中頃	東インドで『大日経』成立		
六六八		新羅、朝鮮半島を統一	
六七一	義浄、渡印		

七世紀後半	南インドで『金剛頂経』成立		
六八二		仏陀波利、『仏頂尊勝陀羅尼経』をもたらす	
七〇九		菩提流志、『不空羂索神変真言経』を訳出	
七一六		善無畏、長安へ入る	
七一七		善無畏、『虚空蔵求聞持法』を訳す	
七一八			大安寺僧道慈、求聞持法を伝える
七二五		善無畏・一行、『大日経』を訳出	
七四六		不空、天竺より帰国	
七五〇	ジャワのボロブドゥール寺院建立開始		
七五二			東大寺大仏開眼
七五五		安禄山の乱始まる	
八世紀中頃	パーラ王朝、興る		
七六三		五台山文殊殿重修	
七六七			最澄、生まれる（〜八二二）
七七〇頃	ヴィクラマシーラ寺院建立		
七七四		不空、没す	空海、生まれる（〜八三五）
七九四			平安京遷都

七九七			空海、『三教指帰』を著す
八〜九世紀頃	後期密教、盛んとなる		
八〇四			最澄・空海、入唐
八〇五			最澄、帰国
八〇六			空海、帰国
八一六			空海、高野山を下賜される
八二三			空海、東寺を下賜される
八二四			法相の徳一、没す
八四二〜八四五		会昌の法難	
八四七			円仁、帰国
八五八			円珍、帰国
九〇七		唐、滅ぶ	
九〇九			醍醐寺開基、聖宝、没す
九二一			空海に弘法大師号を賜る
九三一			仁和寺開基、宇多法皇、没す
九三六		高麗、建国	
九五八	リンチェンサンポ、生まれる（〜一〇五五）		
十一世紀頃	イスラーム軍の侵入始まる		
一〇〇一		敦煌蔵経洞を封鎖	
一〇四二	アティーシャ、チベットに入る		

一〇七三		成尋、新訳密教経典を日本へ送る	
一一三二			覚鑁、大伝法院を建立
一一九二			鎌倉幕府開くという
一二〇三	ヴィクラマシーラ寺院炎上（インド仏教の滅亡）		
一二〇六		チンギス汗、蒙古統一	
一二九〇			西大寺叡尊、没す
一三四三		元、居庸関を完成	
一三五七	ツォンカパ、生まれる（〜一四一九）		
一三六二			東寺杲宝、没す
一三六八		元倒れ、明興る	
一四四七	タシルンポ寺院建立		
一五八五			秀吉、根来寺を焼く
一六〇一			玄宥、京都東山に智積院を建立
一六〇三			徳川幕府開く
一六二五			天海、寛永寺を創建
一六四四		明滅び、清興る	
一六四五	ポタラ宮造営開始		
一七七六			慈雲、『梵学津梁』を著す

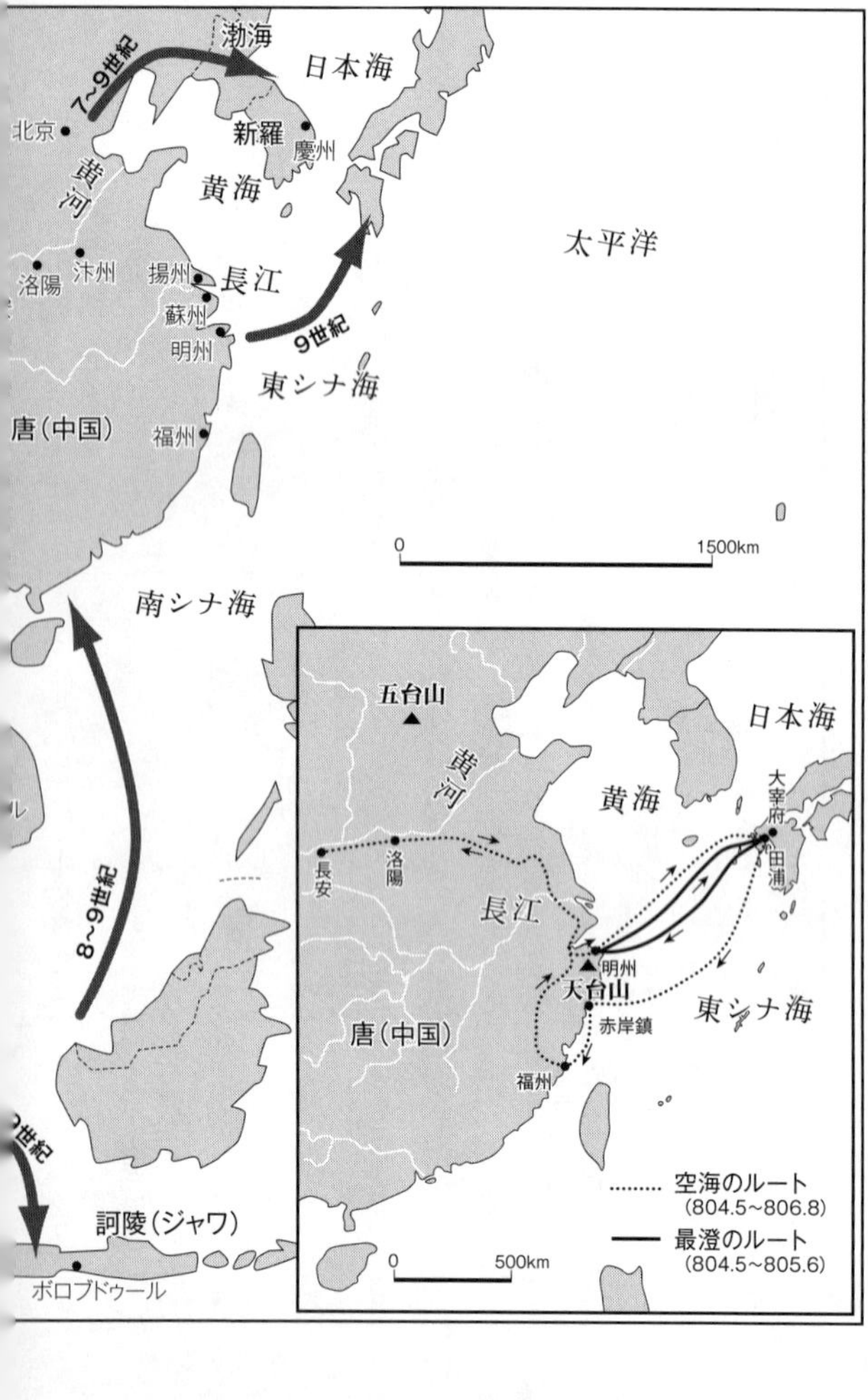
渤海
日本海
7~9世紀
北京
新羅
慶州
黄河
黄海
太平洋
洛陽
汴州
揚州
長江
蘇州
明州
9世紀
東シナ海
唐(中国)
福州
0
1500km
南シナ海
8~9世紀
訶陵(ジャワ)
ボロブドゥール
五台山
日本海
黄河
黄海
大宰府
田浦
長安
洛陽
長江
明州
天台山
赤岸鎮
東シナ海
唐(中国)
福州
空海のルート
(804.5~806.8)
最澄のルート
(804.5~805.6)
0
500km

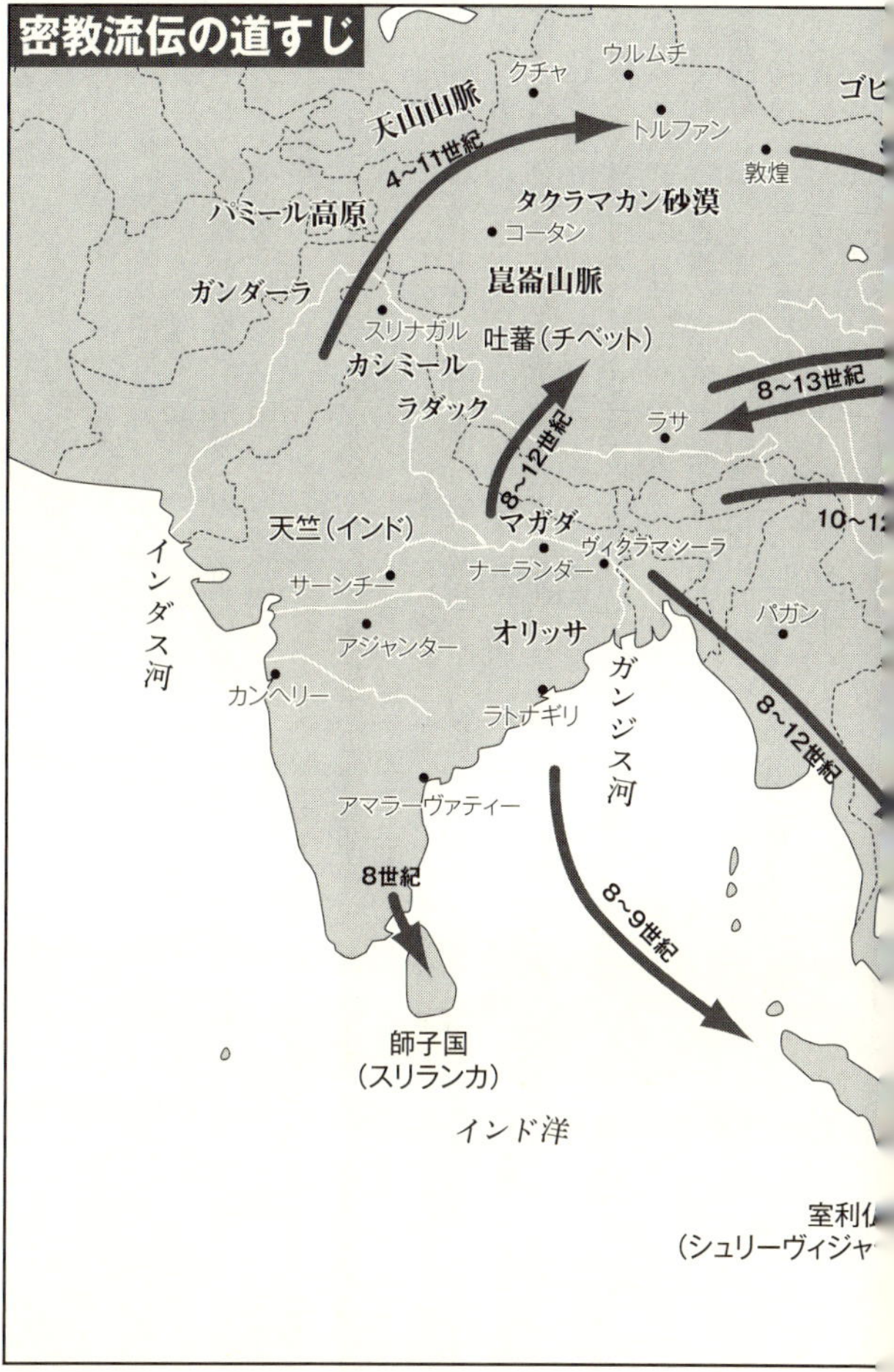

密教流伝の道すじ
ウルムチ
クチャ
ゴビ
天山山脈
トルファン
4～11世紀
敦煌
タクラマカン砂漠
パミール高原
コータン
崑崙山脈
ガンダーラ
スリナガル
吐蕃（チベット）
カシミール
8～13世紀
ラダック
ラサ
8～12世紀
マガダ
10～1
天竺（インド）
ヴィクラマシーラ
インダス河
ナーランダー
サーンチー
パガン
アジャンター
オリッサ
カンヘリー
ガンジス河
ラトナギリ
8～12世紀
アマラーヴァティー
8世紀
8～9世紀
師子国
（スリランカ）
インド洋
室利仏
（シュリーヴィジャ

参考文献

密教大辞典再刊委員会編『密教大辞典』（改訂増補）全六巻　法蔵館　昭和四十三～四十五年
佐和隆研編『密教辞典』法蔵館　昭和五十年
宮坂宥勝・梅原猛・金岡秀友編『密教小辞典』春秋社　昭和六十二年
宮坂宥勝・金岡秀友・松長有慶編『現代密教講座』全八巻　大東出版社　昭和五十～平成五年
宮坂宥勝・梅原猛・金岡秀友編『講座密教』全五巻（『密教小辞典』を含む）春秋社　昭和五十一～六十三年
高井隆秀・鳥越正道・井ノ口泰淳・頼富本宏編『講座密教文化』全三巻　人文書院　昭和五十九～六十年
立川武蔵・頼富本宏編『シリーズ密教』全四巻　春秋社　平成十一～十二年
守山聖真『真言宗年表』豊山派遠忌局　昭和六年、復刻　国書刊行会　昭和四十八年
澁谷慈鎧編『訂正日本天台宗年表』第一書房　昭和四十八年
宮坂宥勝・金岡秀友・真鍋俊照編『密教図典』筑摩書房　昭和五十五年
松長有慶『密教・コスモスとマンダラ』日本放送出版協会　昭和六十年
高神覚昇『密教概論』第一書房　昭和十七年、復版　大法輪閣　平成一年
金岡秀友『密教の哲学』（サーラ叢書18）平楽寺書店　昭和四十四年
宮坂宥勝『密教思想の真理』人文書院　昭和五十四年
斎藤昭俊『弘法大師信仰と伝説』新人物往来社　昭和五十九年
大村西崖『密教発達志』仏書刊行会　大正七年、再版　国書刊行会　昭和四十七年
栂尾祥雲『秘密仏教史』高野山大学出版部　昭和八年、再版　高野山大学密教文化研究所　昭和五

十九年
松長有慶『密教の歴史』（サーラ叢書19）平楽寺書店　昭和四十四年
松長有慶『密教の相承者』評論社　昭和四十八年
松長有慶『密教経典成立史論』法蔵館　昭和五十五年
頼富本宏『密教仏の研究』法蔵館　平成二年
長部和雄『唐代密教史雑考』神戸商科大学学術研究会　昭和四十六年、再版　溪水社　平成二年
頼富本宏『中国密教の研究』大東出版社　昭和五十四年
種智院大学インド・チベット研究会『チベット密教の研究』永田文昌堂　昭和五十七年
祖風宣揚会編『弘法大師全集』全十五巻　六大新報社　明治四十三年、改訂　全七巻　密教文化研究所　昭和四十一年
弘法大師空海全集編輯委員会編『弘法大師空海全集』全八巻　筑摩書房　昭和五十八～六十年
勝又俊教編『弘法大師著作全集』全三巻　山喜房仏書林　昭和四十三～四十八年
弘法大師著作研究会編『定本弘法大師全集』全十一巻　高野山大学密教文化研究所　平成七～十年
叡山学院編『伝教大師全集』全五巻　日本仏書刊行会　大正十五年、再版　世界聖典刊行協会　昭和五十年
渡辺照宏編『最澄・空海集』（日本の思想1）筑摩書房　昭和四十四年
福永光司編『最澄・空海』（日本の名著3）中央公論社　昭和五十二年
上山春平『空海』朝日新聞社　昭和五十六年
頼富本宏『空海』（日本の仏典2）筑摩書房　昭和六十三年
高木訷元『弘法大師の書簡』法蔵館　昭和五十六年
田村晃祐『最澄』（日本の仏典1）筑摩書房　昭和六十二年

天台学会編『伝教大師研究』早稲田大学出版部　昭和四十八年
福井康順編『慈覚大師研究』天台学会　昭和三十九年
智證大師研究編集委員会編『智證大師研究』同朋舎出版　平成元年
真言宗各派総大本山会監修『密教美術大観』全四巻　朝日新聞社　昭和五十八〜五十九年
佐和隆研『密教美術論』便利堂　昭和三十年
佐和隆研編『仏像図典』吉川弘文館　昭和三十七年
佐和隆研『白描図像の研究』法蔵館　昭和五十七年
佐和隆研編『密教美術の原像』法蔵館　昭和五十七年
栂尾祥雲『曼荼羅の研究』高野山大学出版部　昭和二年、再版　高野山大学密教文化研究所　昭和五十七年
石田尚豊『曼荼羅の研究』東京美術　昭和五十年
田中公明『曼荼羅イコノロジー』平河出版社　昭和六十二年
田中公明『インドにおける曼荼羅の成立と発展』春秋社　平成二十二年
松長恵史『インドネシアの密教』法蔵館　平成十一年
森雅秀『チベットの仏教美術とマンダラ』名古屋大学出版会　平成二十三年

学術文庫版によせて

二十一世紀に入って早や十数年が経過している。ふり返れば、ここ数十年間、経済力をベースに日本をはじめ世界の発展が説かれてきたようだ。確かに未経験であった敗戦を厳しく味わった日本は、それまでつちかってきた歴史的遺産や文化遺産だけでは今日を食べていくことができず、「豊かな生活」を仮りの目標として、がむしゃらに働いた。ちょうど終戦の年の四月、疎開先の母の実家のある香川県で生まれた私は、半年後、両親の生活していた神戸に帰ってきたが、空襲で焼け出されて、以後五年間、被災を免れた地元の神社の隣りにあった禅宗の寺院の離れを借り、不便であったが、今にして思えば何故か懐しい幼年期を過した。

うちの両親だけではなく、日本中が一丸となって働いた結果か、小学校の六年生の時には、旧地に仏教寺院を復興することができ、また中学一年生の時、白黒のブラウン管テレビが自宅に届いた際の喜びは今でも鮮明に覚えている。

幸い教育熱心であった両親の薫陶を受け、実家の近くの県立神戸高校から京都大学の文学部に無事に入学することができた。最初は、歴史のロマンの薫る東洋史学に憧れていたが、

「寺の子」の宿命というよりも、寡黙な父親の後姿に魅かれ、学部の専攻を決める際には、躊躇なく仏教学を選んだ。

　自伝的な表現になって読者には申し訳ないが、私と密教・マンダラの出会いを述べるための伏線として、もう少しお付き合いいただきたい。

　学問としての仏教学は、しばしば言われるように、個人の仏教理解、仏教信仰とは別物である。確かに、前提となる資料文献の入念なテキスト批判と有効な訳文作成だけに終始するなら、むしろ実証科学の段階にとどまるといえる。しかし、それを内容ある思想史として構築することに意義がある。

　私は、インドの後期密教（無上瑜伽《むじょうゆが》密教《みっきょう》）の文献を読むことからスタートしたが、のちの昭和五十三年（一九七八）に、当時新進気鋭の松長有慶高野山大学教授から、北西インドのラダック地方のフィールド調査にお誘いいただいたとき、突然、小さな部屋の全面にマンダラが描かれたお堂に入る機会を得た。その時の強烈な驚きと喜びを今も忘れることができない。

　あとで、その総天然色の壁画マンダラが、日本によく見られる金剛界マンダラであり、密教学的には少し系統の異なったものであることがわかったが、少年期から真言密教の寺院に育ったとはいえ、マンダラを代表とする密教とは、直接に六感を通して触れあってこそ、その意義と役割が理解できることを実感できたのである。

残念ながら本書の性格上、神秘的体験等は極力抑えながら、密教とその代表的表現であるマンダラを紹介することになったが、それでも客観的説明は十分に果たしているものと確信している。

二〇一四年一月

頼富本宏

KODANSHA

本書の原本は、二〇〇三年に日本放送出版協会より刊行されました。これは一九八八年に放送されたNHK市民大学の講座テキスト、一九九〇年に刊行された同名の単行本をもとにしたものです。

また、今回の学術文庫化にあたっても加筆・修正しています。

頼富本宏（よりとみ　もとひろ）

1945年香川県生まれ。京都大学大学院文学研究科博士課程満期退学。文学博士。専門は密教学。種智院大学名誉教授。大正大学客員教授。真言宗実相寺（神戸市）住職。おもな著書に『すぐわかるマンダラの仏たち』『あなたの密教——明日を生きる手立て』など。2015年3月30日没。

講談社学術文庫

定価はカバーに表示してあります。

密教《みつきよう》とマンダラ

頼富本宏《よりとみもとひろ》

2014年4月10日　第1刷発行
2025年6月18日　第6刷発行

発行者　篠木和久
発行所　株式会社講談社
東京都文京区音羽2-12-21 〒112-8001
電話　編集（03）5395-3512
販売（03）5395-5817
業務（03）5395-3615
装　幀　蟹江征治
印　刷　株式会社新藤慶昌堂
製　本　株式会社国宝社
本文データ制作　講談社デジタル製作

ISBN978-4-06-292229-6

「講談社学術文庫」の刊行に当たって

これは、学術をポケットに入れることをモットーとして生まれた文庫である。学術は少年の心を養い、成年の心を満たす。その学術がポケットにはいる形で、万人のものになることは、生涯教育をうたう現代の理想である。

こうした考え方は、学術を巨大な城のように見る世間の常識に反するかもしれない。また、一部の人たちからは、学術の権威をおとすものと非難されるかもしれない。しかし、それはいずれも学術の新しい在り方を解しないものといわざるをえない。

学術は、まず魔術への挑戦から始まった。やがて、いわゆる常識をつぎつぎに改めていった。学術の権威は、幾百年、幾千年にわたる、苦しい戦いの成果である。こうしてきずきあげられた城が、一見して近づきがたいものにうつるのは、そのためである。しかし、学術の権威を、その形の上だけで判断してはならない。その生成のあとをかえりみれば、その根は常に人々の生活の中にあった。学術が大きな力たりうるのはそのためであって、生活をはなれた学術は、どこにもない。

開かれた社会といわれる現代にとって、これはまったく自明である。生活と学術との間に、もし距離があるとすれば、何をおいてもこれを埋めねばならない。もしこの距離が形の上の迷信からきているとすれば、その迷信をうち破らねばならぬ。

学術文庫は、内外の迷信を打破し、学術のために新しい天地をひらく意図をもって生まれた。文庫という小さい形と、学術という壮大な城とが、完全に両立するためには、なおいくらかの時を必要とするであろう。しかし、学術をポケットにした社会が、人間の生活にとってより豊かな社会であることは、たしかである。そうした社会の実現のために、文庫の世界に新しいジャンルを加えることができれば幸いである。

一九七六年六月

野間省一

宗教

2737
梶山雄一著
般若経　空の世界

「色即是空」「諸行無常」──。ものへの執着と輪廻の恐怖から人々を解放した「般若経」。原型成立以降、度重なる翻訳や加筆で難解になった大経典を〈空《くう》思想〉の泰斗が正面から解説する、至高の入門書！

2739
末木文美士著
日本の近代仏教　思想と歴史

明治維新以後、仏教は時代の強圧に押し流されたわけではない。抵抗し、あるいは積極的に、伝統仏教から近代仏教へと変貌を遂げた。清沢満之、鈴木大拙、倉田百三、曽我量深、家永三郎などの思想を通じて検証する。

2765
浅野順一著（解題・田島　卓）
予言者の研究

急激な国力膨張の反動で政治は腐敗し、正義が堕落したイスラエルで、命を賭して、勇者が起ち上がる！宗教思想上、特筆すべき六人の予言者の生涯や神・罪観を比較検証。多難な時代にこそ、手にしたい一冊。

2775
竹下節子著
キリスト教入門

原理主義・グローバリゼーション・冠婚葬祭……キリスト教抜きに世界のスタンダードは理解できない！聖書の読解とキーワードの解説、実践的なガイドも盛り込んだ、「普通の日本人」のための決定版・入門書。

2776
宮田　登著
弥勒

蘇我馬子も藤原道長も惚れ込んだ弥勒信仰。五十六億七千万年後に人々を救う未来仏、弥勒とは何か。戦後民俗学の泰斗が、中国・朝鮮との比較を通して弥勒信仰の歴史と民俗を復元し、日本文化の原型を描き出す。

2806
石田瑞麿著（解説・岩田文昭）
往生要集入門

源信なくしては、法然も親鸞もなかった──。貴賤を問わず日本で幅広く信仰されてきた浄土思想の原点は、ここにある。仏教学の泰斗が、親しみやすい現代語訳を随所に示しながら、源信の教えの真髄を解き明かす。

宗教

2062

宮坂宥勝訳注

密教経典

大日経・理趣経・大日経疏・理趣釈

大乗の教えをつきつめた先に現れる深秘の思想、宇宙の真理と人間存在の真実を追究する、その精髄とはなにか。詳細な語釈を添え現代語訳を施した密教の代表的経典をとおして、その教義と真髄を明らかにする。 電P

2102

宮元啓一著

仏教誕生

古代インドの宗教的・思想的土壌にあって他派の思想との対立と融合を経るなかで、どんな革新性をもって仏教は生まれたのか？　そこで説かれたのは「慈悲」と「救済」だったのか？　釈尊の思想の本質にせまる。

2152

荒井章三著

ユダヤ教の誕生

「一神教」成立の謎

放浪、奴隷、捕囚。民族的苦難の中で遊牧民の神は成長し宇宙を創造・支配する唯一神に変貌する。キリスト教やイスラーム、そしてイスラエル国家を生んだ「奇跡の宗教」誕生の謎に『聖書』の精緻な読解が挑む。 電P

2185

立川武蔵著

ヨーガの哲学

世俗を捨て「精神の至福」を求める宗教実践は「根源的統一への帰一」へと人々を導く――。チャクラ、調気法、坐法、観想法等、仏教学の泰斗が自らの経験を踏まえてヨーガの核心をときあかす必読のヨーガ入門。 電P

2191

三枝充悳著

インド仏教思想史

古代インドに仏教は誕生し、初期仏教から部派仏教、そして大乗仏教へと展開する。アビダルマ、中観、唯識、仏教論理学、密教と花開いた仏教史に沿って、基本思想とその変遷、重要概念を碩学が精緻に読み解く。 電P

2197

中村　元著

往生要集を読む

日本人にとって地獄や極楽とは何か。元来、インド仏教にはなかったこの概念が日本に根づくのには『往生要集』の影響があった。膨大なインド仏教原典と源信の思想を比較検証し、日本浄土教の根源と特質に迫る。